How to use your notebook for efficient business

知識ゼロからの

Kenshi Hirokane

弘兼憲史

手帳術

★メインの手帳を一つ決める

★簡潔に書く

★マーカーや色ペンを使う

★記号やシールを使う

★日にちを横断する

★変更になった予定も消さない

★大事な予定は目立たせる

★移動時間を確保する

★予定を目一杯入れない

★記録簿として使う

★メモと予定表をリンクさせる

★目標･予定は年間スケジュールから書き始める

★ゴールから逆算して考える

幻冬舎

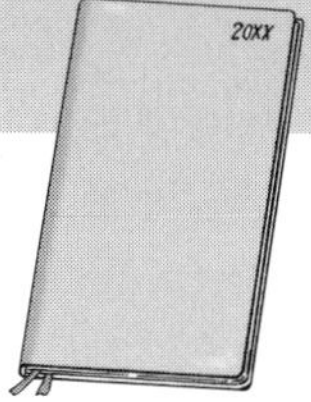
20XX

Part 2 手帳の選び方、使う前の基本を学ぶ

Part 3 手帳は日々の仕事のモレ・遅れをなくす

Part 4 手帳で仕事をもっとテキパキこなす

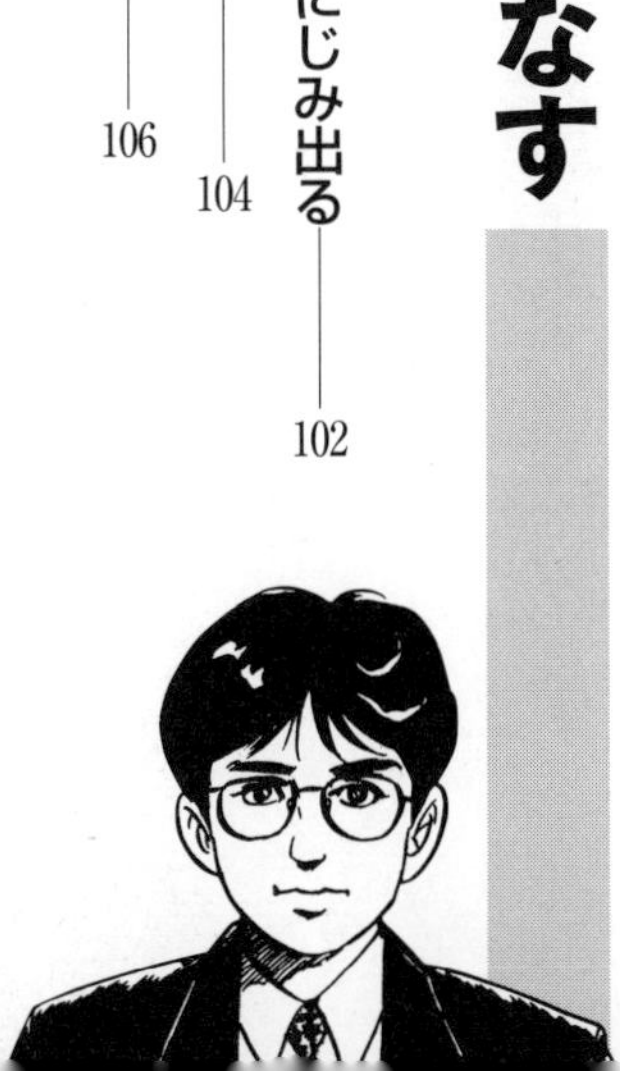

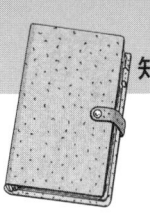

Part 5 手帳がコミュニケーション力、論理力を高める

はじめに

手帳を使って実力主義社会を生き抜く

ひと昔前までは、一流大学を出て、有名企業に入ることが、成功への道すじだった。会社という組織に属することで、目標や仕事を与えられ、その時間管理はある意味、組織が行なっていたともいえる。

ところが、バブル崩壊にともなう経済不振、グローバル化により、終身雇用や年功序列などの制度が見直され、結果のみが問われる実力主義に変わり、効率性や主体的な時間管理の重要度が増してきた。〝負け組〟にならないためには、他人や会社任せ、ではなく主体的

機能

1 メモ

伝言から気になることまで、いつでもどこでも簡単にメモできる。忘れてはいけないことを書き留める備忘録として使えるほか、何でもないメモからアイデアがひらめくこともある。

2 スケジュール管理

アポイントなどの約束、自分の行動や予定を管理することができる。仕事や行動に段取りをつけて、いつまでにおわらせるか予定を立てたり、進行具合をチェックしたり、変更や中止に対応することができる。また、将来の目標を達成するための強力なサポーターにもなる。

手帳の7大基本

3 タスク管理

自分がやるべきことをいつも把握することができる。

スケジュールや目標を考えながら、やるべきこと、やる順番を書き出しておくことで、今、何をすればいいのか、ナビゲートしてくれる。

4 ノート

定例会議やプロジェクトの記録を書き込むことができる。後から資料として見返すにも便利（この場合は、記入量の多いものやページの入れ替えができるシステム手帳が向いている）。

5 情報を保存

電話番号や住所などを記録できる。

携帯電話の普及で、手帳のアドレス機能の重要性は減っているが、いざというときのバックアップにもなる。必要最低限の連絡先は書いておくと役立つ。

6 資料

路線図や地図、年齢早見表といった資料ページは、外出先でもサッとチェックできて便利。

仕事のマニュアルなど、自分だけのオリジナル資料をつくって手帳に加えるのもおすすめだ。

7 収納

切手や領収書、伝言メモなどをファイリングできる。

名刺や薄手のちょっとしたものなら、手帳のポケットやカード入れ、ファスナーポケットなどに入れておくことができる。


に仕事をこなす必要がある。それには、手帳が強力な武器になる。

手帳には、上の7つの機能をはじめ、仕事の効率化や目標達成に役立つ使い方が無数にある。この本を参考に、自分なりの使い方を見つけてほしい。

「手帳を使う目的は？」
という質問の最多回答は、
「スケジュール管理と備忘録」。
ほかに、目標を達成するにも
手帳が役立つ。
目標をかなえたい人は
Part1に目を通そう。

● まわりの人に聞いてみました

「スケジュール欄の形式は？」

手帳のスケジュール欄は「2ページで１週間分の予定が書けるタイプ」を使っている人が多いようだ。

「記入するのは、もっぱら週間スケジュールで、年間や月間スケジュールの記入欄は空白」との意見も。

↓

年間、月間スケジュールに空欄が多いのは、使いこなせていないからかも？

そんな人はＰ24へ。


「やりたいことはいろいろあるけど、時間がないんだよな～」

と思う人はP32へ。

Part 1
手帳がものたりない毎日に「充実感」を与える

01

何となくものたりない生活から脱出

やりたいことをやる人生を手帳がサポート

やるべきことを書き出す

会議や訪問予定、文書作成、締め切り日など、その日に必ずやるべき項目や時間を書き記す。いわゆるスケジュール管理としての内容。

↑「書類に目を通す」

手帳の使い方は、単に日々のスケジュールやアポイントを埋めていくだけではない。むろん、手帳の使い方として、これは正しいのだが、手帳はその使い方によって、もっと有意義に活用できるし、それによって自分のポテンシャルを高めることも可能だ。人生の目標や夢をかなえるためのツールとして手帳を活用したい。

たとえば、資格取得を目的とするなら「○年までに取得する」とか「営業成績ナンバーワンになる」など、どんな目標でも一向にかまわない。手帳に書き込んでみるの

やりたいことを書き出す

収入アップや資格取得、留学など、自分が本当にやりたいことを書き記す。他人が見たら笑うような夢でもかまわない。
手帳の最初のページなど目につきやすいページに書いておこう。

↑「独立して自分の会社をおこす」

だ。プライベートの夢もいいだろう。「マイホーム購入」「高級リゾートのヴィラに滞在する」など、やりたいことなら何でもいい。

手帳に書くことによってつねに目的を意識し、達成するためのモチベーションとなる。

COLUMN

理想の人生をはっきり思い描く

日々の仕事に追われていると、自分を見失い、本当にやりたいことや目標を忘れ、年月が過ぎてしまう。そこで手帳に「自分はこう生きる」という具体的なビジョンを書くのだ。

書くことは、生活を見つめ直し、変えるきっかけになる。憧れや夢でおわらないように、手帳を開くたびにビジョンを確認しよう。

02

仕事とプライベートを分けない

1日24時間、人生はすべて自分のものだから

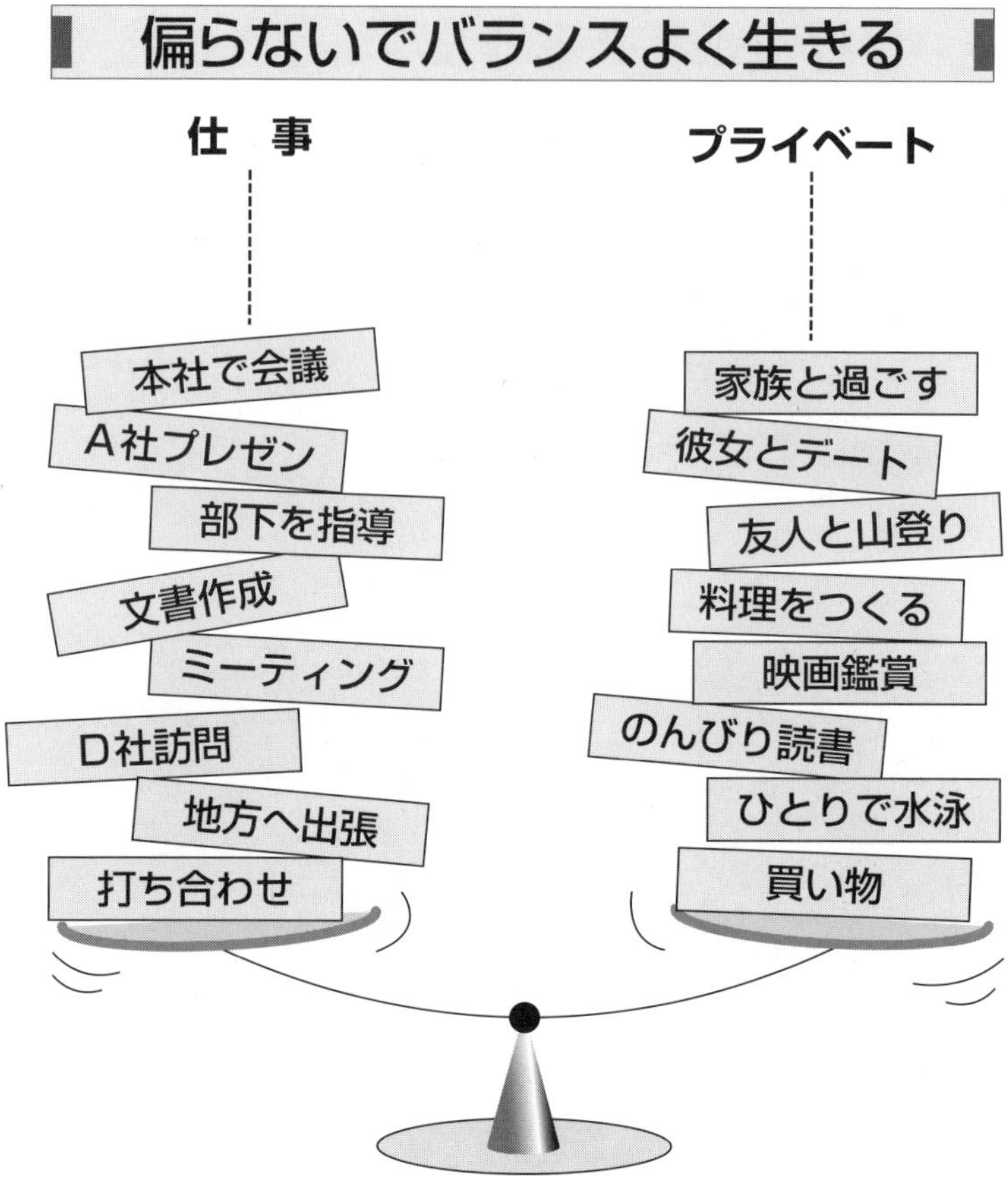

仕事が忙しく、プライベートな時間がとれなくなったりすると、もうひとりの自分がいたらどんなに楽だろうと思うことがある。しかし、現実にはもうひとりの自分がいるわけがない。泣く泣くプライベートを犠牲にする人が多いものだが、それが自分の望む選択でないことも多いはずである。

仕事もプライベートも充実させたいと願うのは贅沢な悩みではない。これもまた、手帳の使い方ひとつで解決できる。

仕事をしている自分も家庭でこどもと遊んでいる自分も、どちら

ときには、一石二鳥の予定もある

今度、配属になるショールームへこどもと見学に行く

社員 として
現場の下見をする

父親 として
こどもと一緒に過ごす

「○○課長」以外にも人には多くの顔がある

仕事をしていると、課長や部長といったその人の肩書きについとらわれてしまう。しかし、家庭では夫であり、こどもの父親であり、同居している母親にとっては一人息子であったりする。仲間内ではリーダー的存在という顔ももっている。

ところが、こうした当たり前のことをわたしたちはたぶん見落としているのだ。

人にはいろいろな顔がある。それを忘れると、バランスの悪い人生を過ごすことになる。

も自分自身である。ならば、仕事とプライベートを区別なく、手帳のスケジュールに書き込めばいい。

公私で分けず、自分の人生を一本化し、そのなかでバランスをとるのだ。それが充実した毎日へとつながる。

03

目標を計画にチェンジする

イメージトレーニングが成功への近道

書くこと、見ることを習慣にする

いつでもどこでも使える

手帳のメリットはつねに携帯し、いつでもどこでも手にとれること。思いついた目標をそのつど書き込み、いつでも見ることができることだ。

見てインプット&再チェック

手帳を開くたびに書き出した項目を目で見ることで自覚を促すことができる。また、目標を忘れそうになったり、挫けそうになったとき奮起させる材料にもなる。

書いてインプット

目標を書き出す行為で、自分自身にしっかりと認識させることができる。書くことで、より具体的になったり、内容を詰めて練り上げられてくる。

日々のスケジュールを手帳に書くのは理解できるが、なぜ、目標をわざわざ手帳に書き記す必要があるのか。胸に秘めた目標ではダメなのか。そう思う人は多いだろう。

まず、目標がアバウトだと、達成するのだというパワーが出てこない。イメージを固めることが、頑張る力を湧き出させるために必要なのだ。

手帳に書き記すという行為によって、何を、どこで、どのように達成させたいのか、自分の漠然とした考えが整理され、目標をより

目標にリアリティをもたせる工夫を

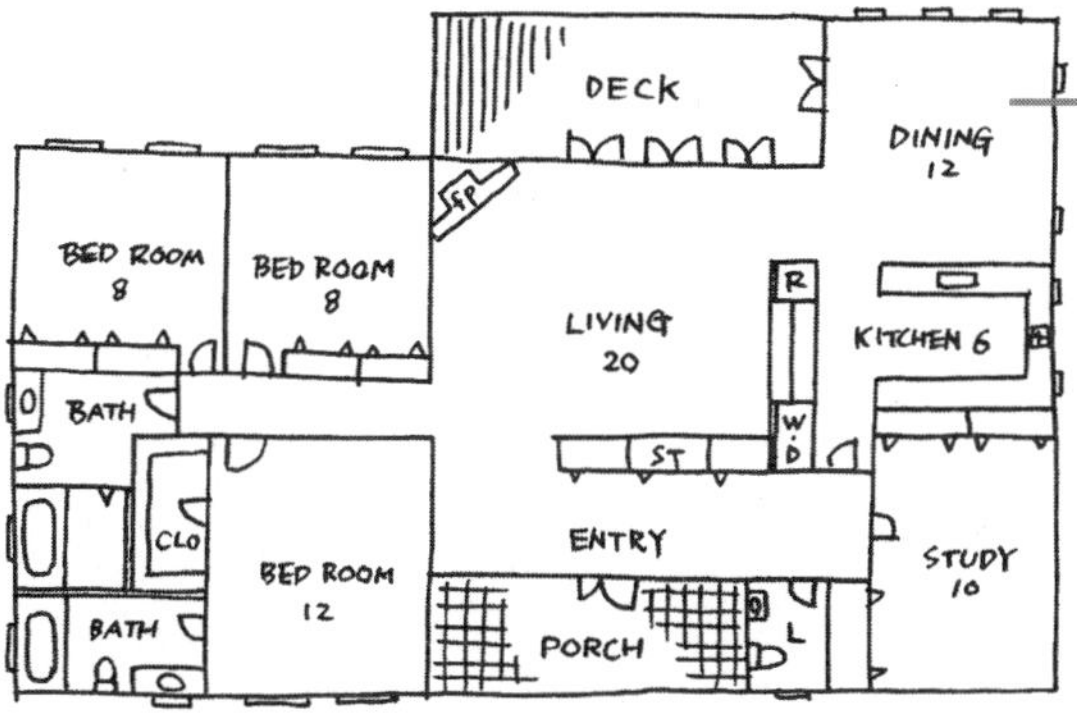

目標を図解する
マイホームや別荘が欲しいなら、どこに建てたいのか、広さはどのくらいか、など具体的に考えよう。家の間取り図やイメージ画を描き、図解するのもオススメだ。ワクワクするような楽しみがあれば、目標達成へのモチベーションを維持することにもつながる。

切り抜きや写真を貼る
目標とする人物や欲しいものなどの写真や切り抜きを手帳に貼っておく。ビジュアル化することで、より具体的なイメージトレーニングができる。

具体的な計画に変えることができるのだ。

また、通勤電車の中でも、休憩中のカフェでも、手帳を開くたびに目標を再確認することになり、目的意識を維持することにつながる。

そのためには、図解やチャートを用いたり、目標の写真や切り抜きを貼って、達成への過程をイメージしやすくしておくのもよいだろう。

毎日手帳を開くことで、目標や計画が目に焼きつき、実現させた自分がイメージできる。これが成功への重要なステップとなるのだ。

イメージトレーニングの重要性は一流のスポーツ選手が実証済みである。

04

3年、5年、10年……

23年の計画を手帳に書き出す

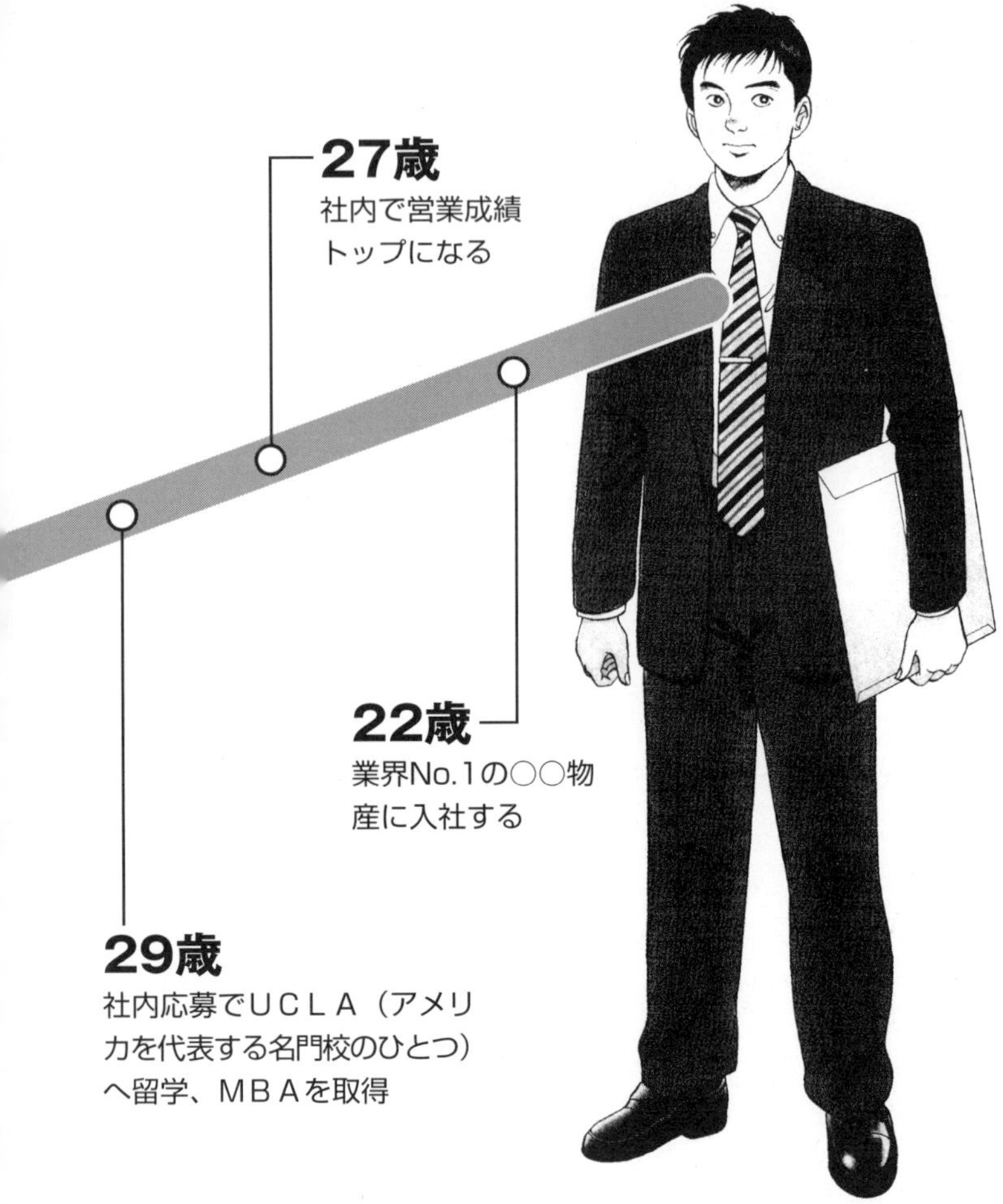
27歳
社内で営業成績
トップになる
22歳
業界No.1の○○物
産に入社する
29歳
社内応募でＵＣＬＡ（アメリ
カを代表する名門校のひとつ）
へ留学、ＭＢＡを取得

自分が掲げた目標、計画を手帳に書き出したところで、もう一度、その中身を検討し、練り上げてみよう。その目標に期限を設けるためだ。いつまでに、何歳までにそれを実現するのか、自分にしっかりと認識させるのだ。

たとえば、27歳で営業成績トップになるとか、35歳で起業独立するなど、明確にタイムリミットを設ける。マイホーム購入といったプライベートのことも同様に決めていく。

夢や目標のままおわらせないためには、いつまでに実現させたいのか、期限を設けることがポイントだ。

ポイント

計画倒れは怖くない

計画倒れになると、自己嫌悪に陥るから、目標を書きたくないと思っている人もいるかもしれない。だが、計画通りにいかないのは、悲しむことではない。
改めて、現状と目標の誤差を確認し、計画を立て直せばいいのだ。計画を修正することを楽しむぐらいの気持ちの余裕をもって、目標達成を目指そう。

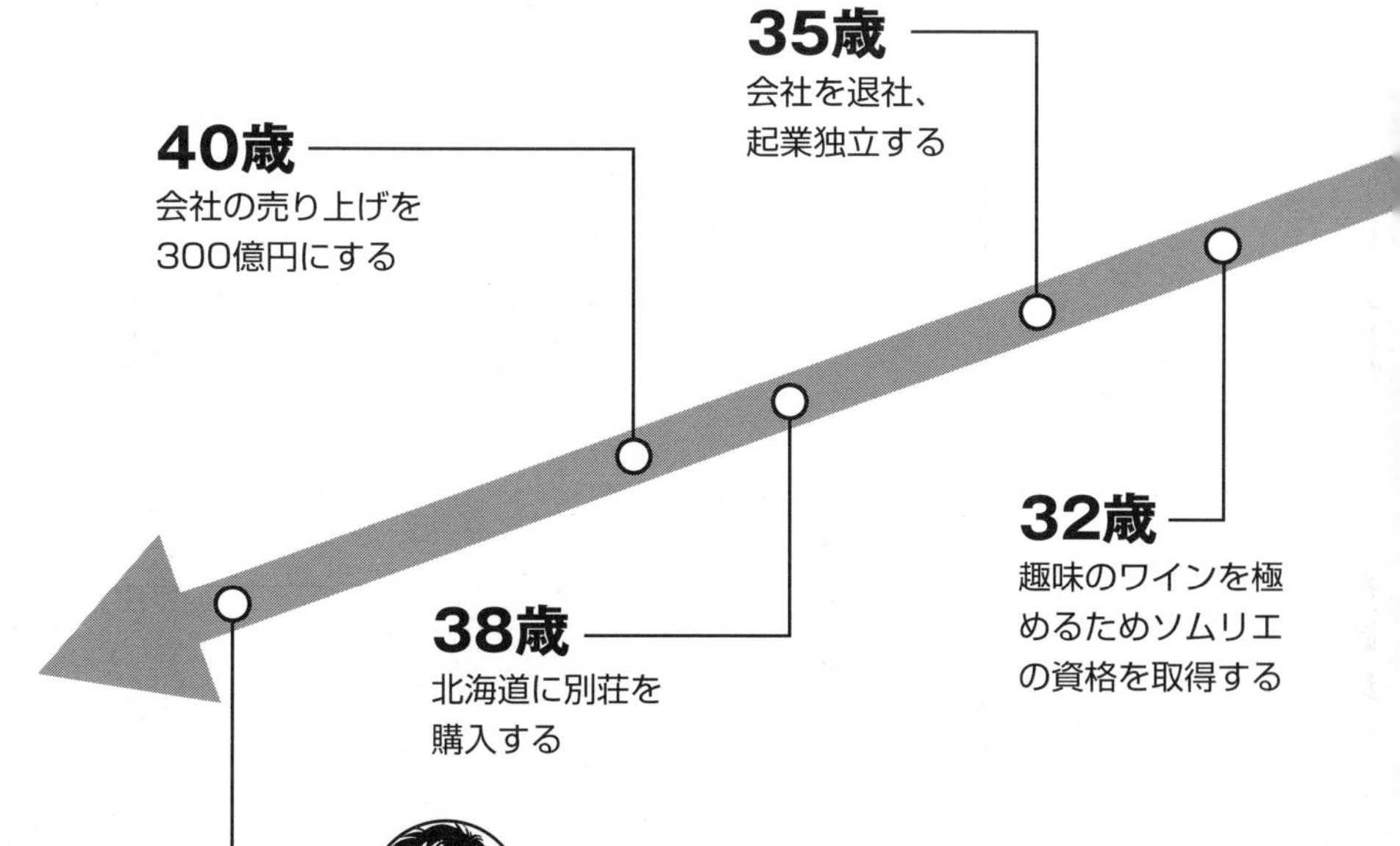
32歳
趣味のワインを極めるためソムリエの資格を取得する
35歳
会社を退社、起業独立する
38歳
北海道に別荘を購入する
40歳
会社の売り上げを300億円にする
45歳
会社を上場させる

COLUMN

今の自分を見つめ直そう

目標を決めたら、今度は今現在の自分を見つめ直すことが必要だ。その目標を達成するために今の自分はどうなのか、しっかりと見据えてみることだ。

このままでいいのか、何か足りないものがあるのか、夢と現実の距離を冷静に判断してみよう。そうすれば、今後自分が何をすべきかが見えてくるはずだ。

05

目標・計画を分解して
何から手をつけるか明確にする

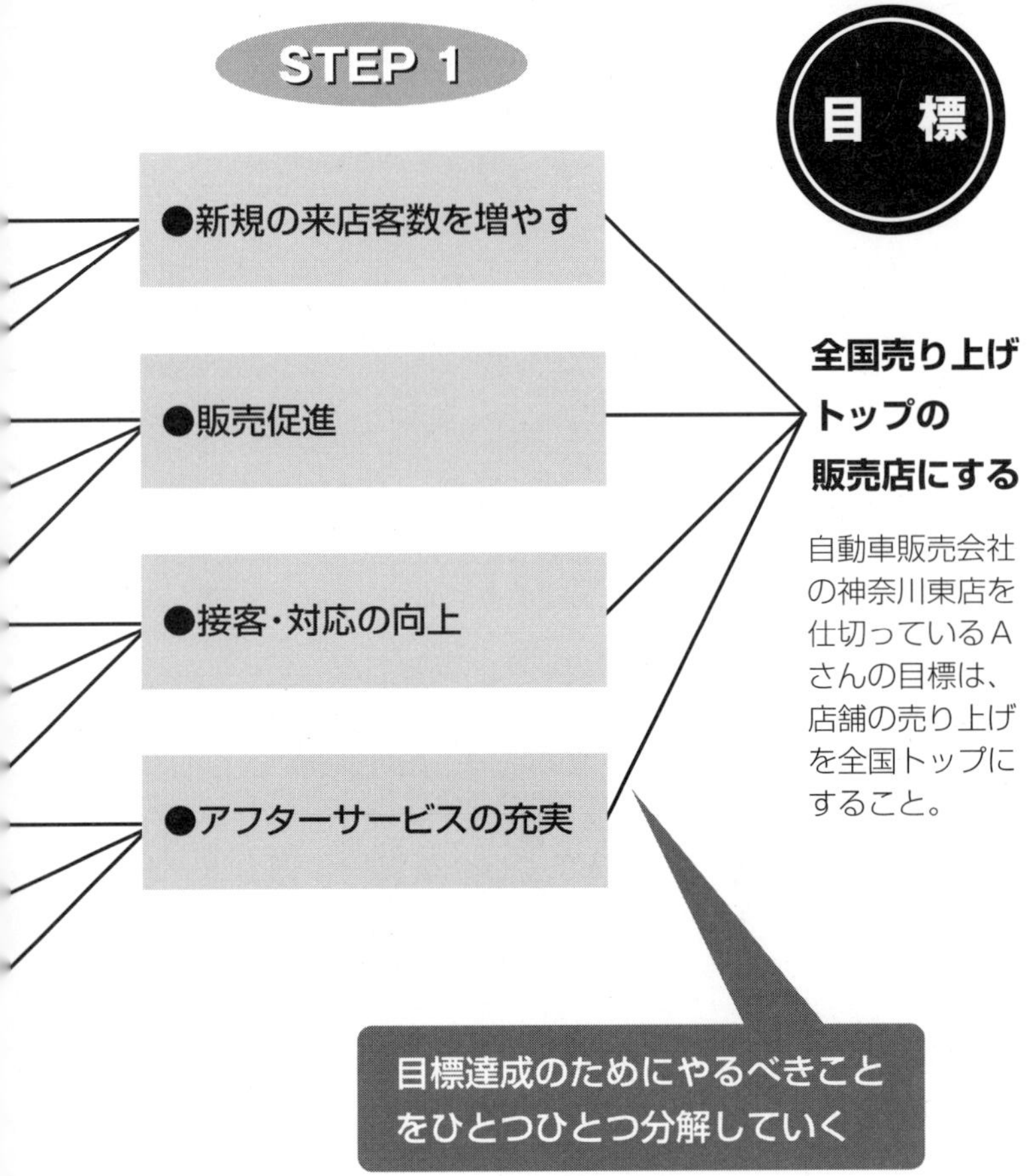
STEP 1
目標
●新規の来店客数を増やす
●販売促進
●接客・対応の向上
●アフターサービスの充実
全国売り上げトップの販売店にする
自動車販売会社の神奈川東店を仕切っているAさんの目標は、店舗の売り上げを全国トップにすること。
目標達成のためにやるべきことをひとつひとつ分解していく

目標の達成は一足飛びとはいかない。大きな目標を立てたら、次にやるべきことは分解作業だ。

たとえば、目標の達成にはある資格が必要だとする。それには、資格取得の勉強をしなければならない。勉強のためにビジネススクールに通うなら、費用や時間をどうするのか、分解しながら分析するのだ。ある事柄を達成するためにはやるべきことが枝葉のように広がっている。

目標を分解することによって、自分がこれからやるべきことが、より具体的に見えてくるのだ。

STEP 3

- 内装・外装を点検、リフォームする
- 従業員のマナー教育を行なう
- 営業日・営業時間を見直す

STEP 2

- ショールームの居心地をよくする
- 展示車を見直す
- 試乗車サービスを充実させる

COLUMN

受験勉強のときを振り返ってみよう

目標の分解作業は受験勉強と同じようなもの。希望する大学の合格ラインから、自分がどれぐらいの点数を取らなくてはならないのか計算したことがあるだろう。

国語なら現代国語や漢文、古典でそれぞれ何点ずつ取るか、英語なら文法、長文、単語、ヒヤリングで何点取るといった具合に分解して計算していたはずだ。より具体的に目標が見え、自分の得手不得手もよくわかる。せっかく受験で身につけたノウハウ。使わない手はない。

06

目標・予定は年間スケジュールから書き始める

ゴールから逆算して考える

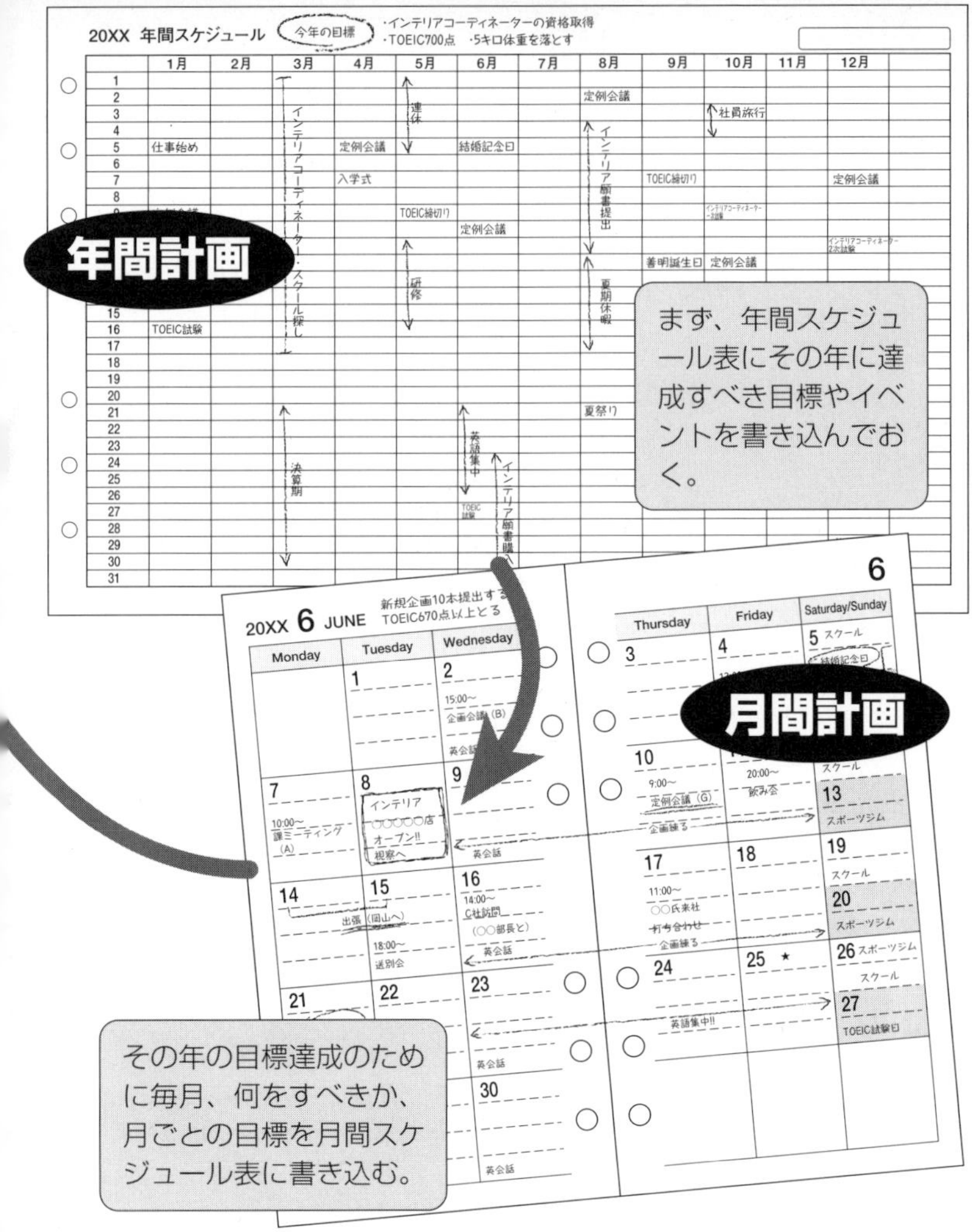
年間計画
20XX 年間スケジュール
今年の目標
・インテリアコーディネーターの資格取得
・TOEIC700点 ・5キロ体重を落とす
まず、年間スケジュール表にその年に達成すべき目標やイベントを書き込んでおく。
月間計画
20XX 6 JUNE
新規企画10本提出する
TOEIC670点以上とる
その年の目標達成のために毎月、何をすべきか、月ごとの目標を月間スケジュール表に書き込む。

目標を掲げ、期限を設け、達成するためのステップを書き出したら、いよいよ手帳のスケジュール表に落とし込もう。目標を達成するには、綿密な段取りがカギとなる。

そこで質問だ。あなたは目標達成のために、今日やるべきことを把握できているだろうか？

今日何をすべきかわからないのに、10年後、20年後の成功はあり得ない。

そこですすめたいのが、目標達成のゴールから逆算してスケジュールを立てていくことだ。

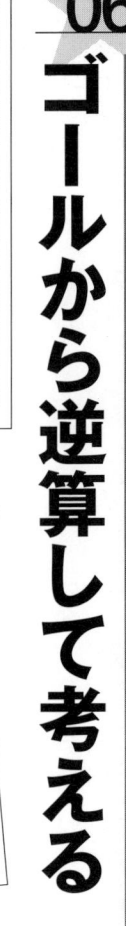

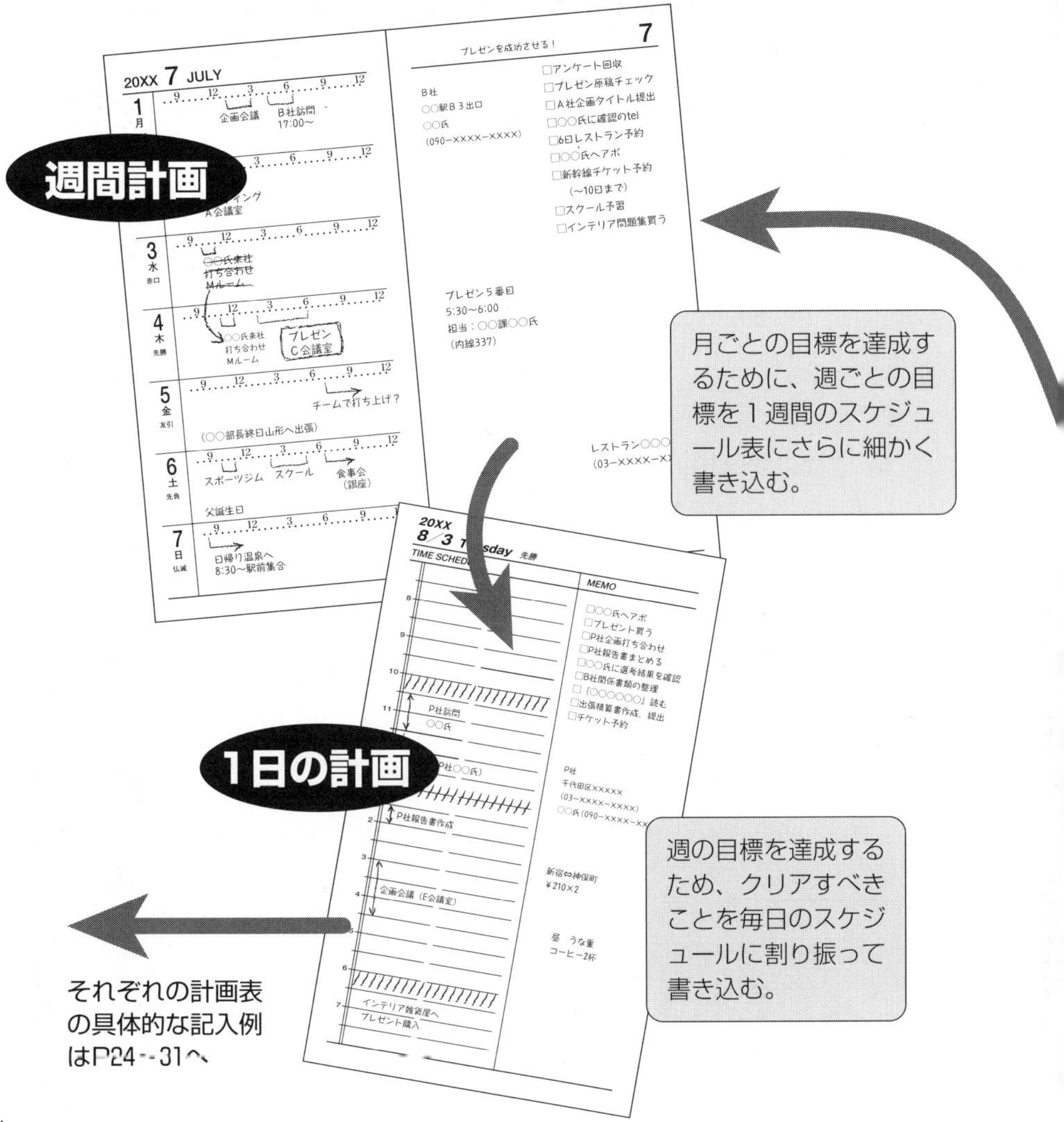
週間計画
20XX 7 JULY
プレゼンを成功させる！
月ごとの目標を達成するために、週ごとの目標を１週間のスケジュール表にさらに細かく書き込む。
1日の計画
20XX 8／3
MEMO
週の目標を達成するため、クリアすべきことを毎日のスケジュールに割り振って書き込む。
それぞれの計画表の具体的な記入例はP24～31へ

　20ページで目標を細かく分解することを説明したが、今度はその細かく分解した目標をいつまでに達成するか、逆算しながらひとつひとつにゴールを設けていくのだ。10年後、20年後の目標では把握しにくくても、5年後、3年後、さらには1年後と区切って目標を立てていけば、おのずと今年やるべきことが見えてくる。

　たとえば、2年以内に資格取得を目指すなら、今年から受験勉強を始めるというように、近い目標なら計画を立てやすくなる。そして、今年の目標を把握したら、次は毎月の目標だ。さらには週ごとの目標を立てていこう。そうすれば、今日やるべきことがしっかりと把握できるはずだ。

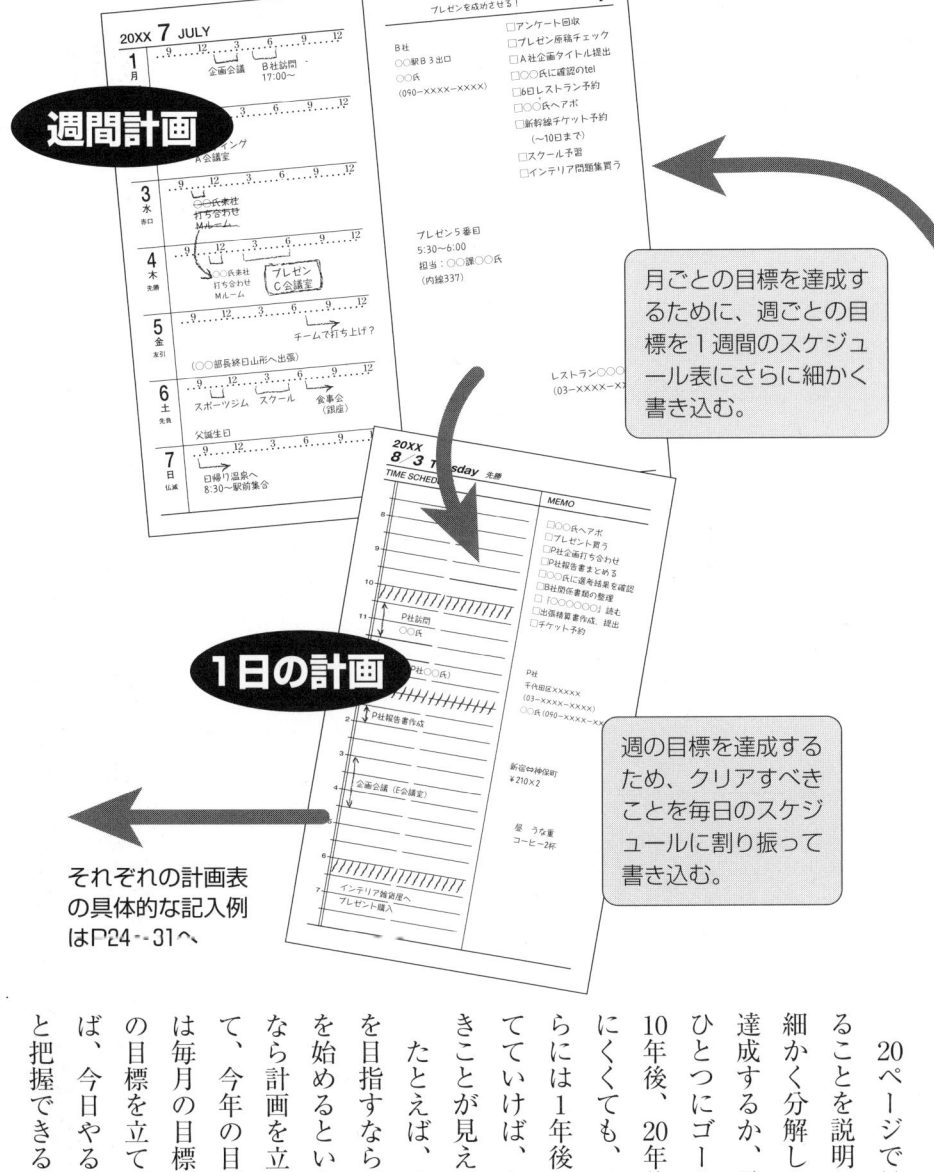

書き方のコツ／年間スケジュール表

07 長期スパンで計画を立てる習慣を

年間目標を挙げる

漠然としたものではなく、仕事やプライベートなどいくつかに分けて、この１年で達成したい具体的な目標を書き出す。

例

仕事…営業成績を去年の1.5倍にする

貯金…こどもの教育資金の積立を始める

勉強…ファイナンシャルプランナーの資格を取る

趣味…茶道を習いに行く

家族…毎朝家族そろって朝食をとる

健康…10キロ体重を落とす

交際…趣味、勉強仲間をそれぞれ５人見つける

去年の手帳を開いてみてほしい。毎日のスケジュールはそれなりに埋まっているのに、年間のスケジュールの書き込みは少なくないだろうか。真っ白ではないにしろ、毎日のスケジュールに比べると余白が目立つケースは多い。

これは、手帳が日々の小さなスケジュール管理にしか使われていなかったという証拠だ。

１年間のスパンで計画を考える習慣は目標達成には欠かせないスキル。目標は大から小へ。まず、年間スケジュールから埋めていく習慣をつけるようにしたい。

年間スケジュール表・記入例

主なイベント
自分の目標以外に、会社の重要なプロジェクトや家族のイベントなども書き込む。

1年の目標
仕事、趣味、家庭での目標や自分が身につけたいことなどを、目立つ場所にはっきりと書き出す。年間スケジュールのページ以外に、目につきやすい初めのページなどに書いてもよい。

20XX 年間スケジュール　今年の目標　・インテリアコーディネーターの資格取得　・TOEIC700点　・5キロ体重を落とす　毎月10本企画を提出する

	1月	2月	3月	4月	5月	6月	7月	8月	9月	10月	11月	12月	
1			インテリアコーディネーター・スクール探し		連休								
2								定例会議					
3										社員旅行			
4								インテリア願書提出					
5	仕事始め			定例会議		結婚記念日							
6													
7				入学式					TOEIC締切り			定例会議	
8													
9	定例会議				TOEIC締切り					インテリアコーディネーター一次試験			
10						定例会議							
11					研修							インテリアコーディネーター2次試験	
12								夏期休暇	善明誕生日	定例会議			
13													
14													
15									研修				
16	TOEIC試験												
17										英語集中			
18													
19													
20												祐佳里誕生日	
21			決算期			英語集中		夏祭り					
22										TOEIC試験			
23													
24						インテリア願書購入						Xマスイブ	
25												Xマス	
26													
27						TOEIC試験							
28													
29												仕事納め	
30													
31													
インテリア						インテリアコーディネータースクールに通う					2次試験勉強		
TOEIC	650点以上とる					670点以上とる				700点以上とる			
体重	68kg		67kg		66kg		65kg		64kg			63kg	

仕事の流れ
締め日や研修をはじめ、年間の仕事の流れがわかっている場合は、大まかに書いておく。

全体像の把握が必要

目標以外に、仕事の流れや重要なプロジェクト、プライベートのイベントなどを書いておけば、その年の目標達成のために、どれぐらいの時間や労力を費やすことができるのか概算できる。場合によっては年間の目標自体を微調整したり、変更する必要もあるだろう。まずは長期的な視野で全体像を把握するといい。

08 ビジュアルに訴える書き方をする

月間スケジュール表・記入例①

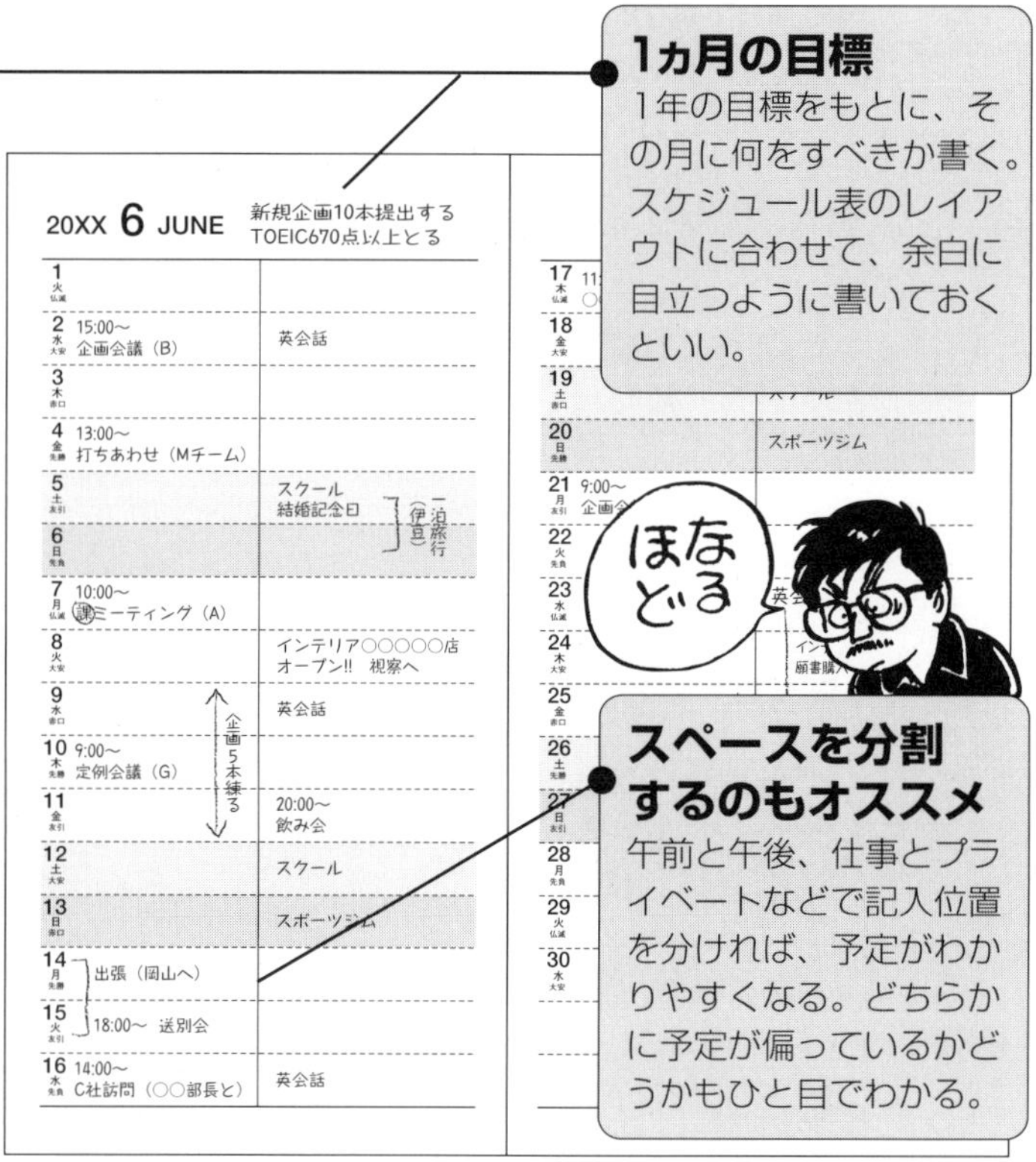
1ヵ月の目標
1年の目標をもとに、その月に何をすべきか書く。スケジュール表のレイアウトに合わせて、余白に目立つように書いておくといい。
20XX 6 JUNE
新規企画10本提出する
TOEIC670点以上とる
1 火 仏滅
2 水 大安 15:00~ 企画会議（B） 英会話
3 木 赤口
4 金 先勝 13:00~ 打ちあわせ（Mチーム）
5 土 友引 スクール 結婚記念日
6 日 先負
一泊旅行（伊豆）
7 月 仏滅 10:00~ 課ミーティング（A）
8 火 大安 インテリア○○○○○店オープン!! 視察へ
9 水 赤口 英会話
10 木 先勝 9:00~ 定例会議（G）
企画5本練る
11 金 友引 20:00~ 飲み会
12 土 大安 スクール
13 日 赤口 スポーツジム
14 月 先勝 出張（岡山へ）
15 火 友引 18:00~ 送別会
16 水 先負 14:00~ C社訪問（○○部長と） 英会話
17 木 仏滅
18 金 大安
19 土 赤口
20 日 先勝 スポーツジム
21 月 友引 9:00~
22 火 先負
23 水 仏滅
24 木 大安
25 金 赤口
26 土 先勝
27 日 友引
28 月 先負
29 火 仏滅
30 水 大安
なるほど
スペースを分割するのもオススメ
午前と午後、仕事とプライベートなどで記入位置を分ければ、予定がわかりやすくなる。どちらかに予定が偏っているかどうかもひと目でわかる。

月間スケジュール表は、年間目標、計画に基づいて考える。だからといって、1年の目標を単に12等分してもうまくはいかない。休みの多い月もあれば、仕事が集中する月もある。すでにわかっている予定を考えながら、今月の目標、計画を立てよう。

月間スケジュール表はコンパクトな分、1日分のスペースが少ない。ごちゃごちゃしないように、最低限の予定を、色分けして書くなど、見やすくなる工夫をしよう。

1週間や1日のスケジュール表と組み合わせて使うのも一案だ。

月間スケジュール表・記入例②

20XX 6 JUNE
新規企画10本提出する
TOEIC670点以上とる
Monday
Tuesday
Wednesday
1
2
15:00〜
企画会議（B）
英会話
3
4
13:00〜
打ちあわせ
（Mチーム）
5 スクール
結婚記念日
6
一泊旅行
（伊豆）
7
10:00〜
課ミーティング
（A）
8
インテリア
○○○○○店
オープン!!
視察へ
9
英会話
10
9:00〜
定例会議（G）
企画5本練る
11
20:00〜
飲み会
12
スクール
13
スポーツジム
14
15
出張（岡山へ）
18:00〜
送別会
16
14:00〜
C社訪問
（○○部長と）
英会話
17
11:00〜
○○氏来社
打ち合わせ
企画5本練る
18
19
スクール
20
スポーツジム
21
9:00〜
企画会議
22
23
24
25 ★
英語集中!!
26 スポーツジム
スクール
27
重要!

簡潔に書く
記入量があまりないため、箇条書きにするなどコンパクトにまとめて記入する。

マーカーや色ペンを使う
大事な予定は、蛍光ペンで囲んで目立つようにしたり、仕事とプライベートを色分けしたりして、見やすくなる工夫をする。

記号やシールを使う
スペースの有効利用になり、オリジナルの記号にすれば、他人に見られても内容がわからないようにできる。

日にちを横断する
長期出張や泊まりがけの旅行など、日にちをまたがる予定は、つづけて線を引く。

数字にできる目標は数値化する
「訪問営業を増やす」ではなくて、「訪問営業を先月＋10件にする」など具体的な数字に変えよう。
目標までの距離があとどのくらいかはっきりとわかり、やる気も出てくる。達成したときの充実感もあり、その次の目標設定にも役立つ。

09

いつ、何を、どの順番でやるか決める

書き方のコツ／週間スケジュール表

週間スケジュール表・記入例

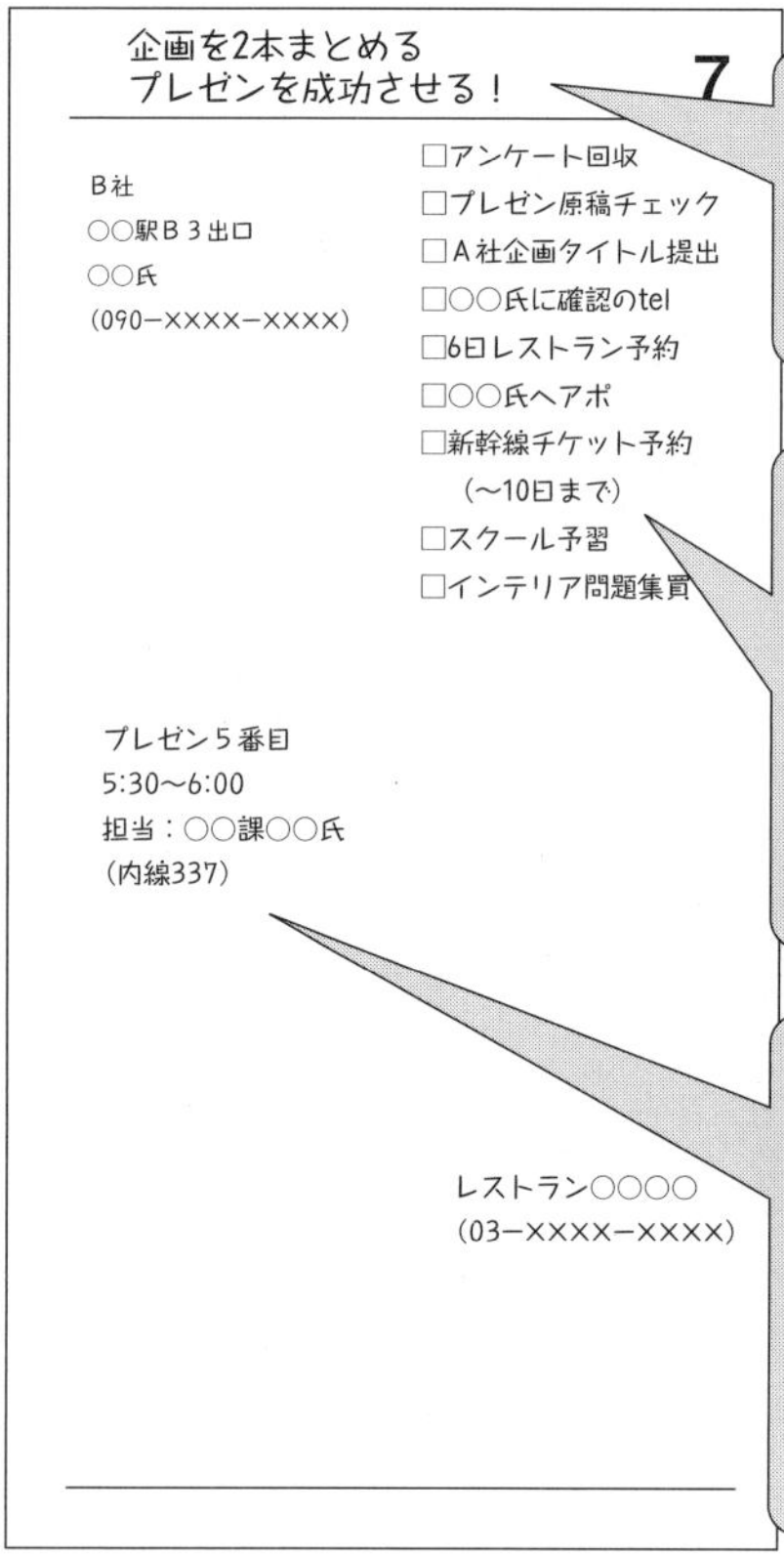
企画を2本まとめる
プレゼンを成功させる！
7
B社
○○駅B３出口
○○氏
（090−××××−××××）
□アンケート回収
□プレゼン原稿チェック
□A社企画タイトル提出
□○○氏に確認のtel
□6日レストラン予約
□○○氏へアポ
□新幹線チケット予約
（〜10日まで）
□スクール予習
□インテリア問題集買
プレゼン５番目
5:30〜6:00
担当：○○課○○氏
（内線337）
レストラン○○○○
（03−××××−××××）

1週間の目標
その週に重点的にやりたいことを目立つところに記入する。

やるべきこと
目標を達成するために、今週やるべきことを書き出しておくことも大切だ。
それぞれに優先順位をつけるともっといい。詳しくはＰ72〜77を参照。

具体的な情報を記入する
予定の内容、正確な時間、場所、相手など、明確にしておく。予定表のスペース以外にメモページに記入してもいい。

月間計画をもとに、１週間の目標、段取り、やるべきことを書き込んでいく。どんな順番で、いつ、何をするか決めていこう。

約束してあるアポイントなどとの折り合いをつけながら、仮でもかまわないので、まず書いてみる。書き込むことが大切なのだ。

目標が達成できなかったら、全体を見直したうえで、翌週へ持ち越すなどの修正をすればいい。

市販されている週間スケジュール表の種類は多い。自分の生活スタイルに合ったものを選ぶようにする（46〜47ページを参照）。

時間的な余裕をもたせて予定を組む
詳しくはＰ84～85を参照。

変更になった予定も消さない
約束の時間や日にち、場所が変更になったときは、もとの予定は見えるように消し、新しい予定を書くようにする。予定がもとに戻ったり、行き違いが生じたときのためにも、どういう経緯で変更したかわかるようにしておこう。

大事な予定は目立たせる

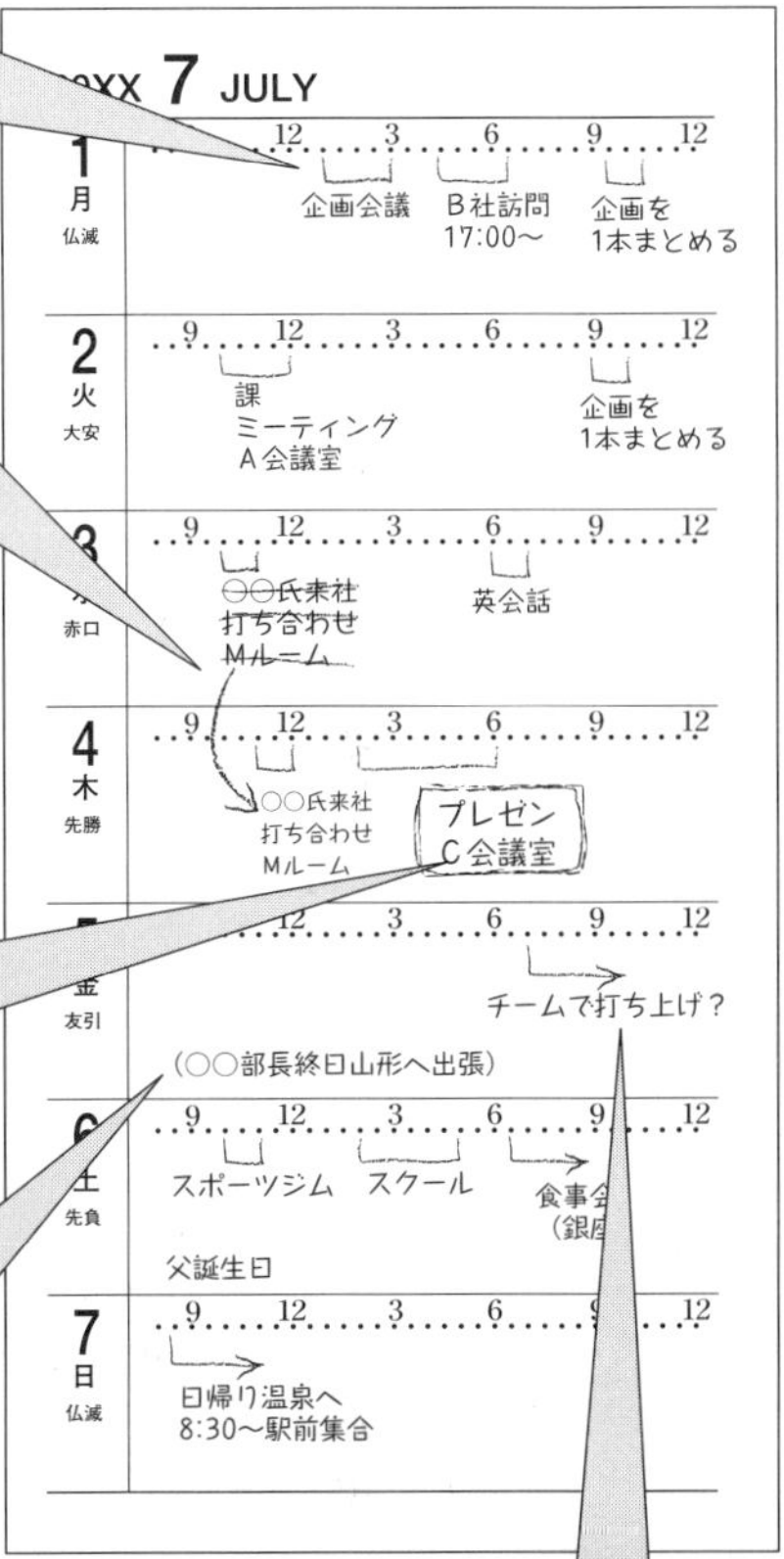

自分以外の予定も書き込む
仕事相手の不在確認や、ミーティングの予定を組むなど、いろいろと役立つ。
詳しくはＰ150～153を参照。

未確定の予定も書いておく
鉛筆などで未定の予定も書いておくと、ほかのスケジュールを立てやすい。

書き方は自己流でOK

手帳の書き方に決まりはない。自分がわかるように記入すればＯＫだ。書きなれないうちは、本書の書き方例を参考にしたり、尊敬する人の、手帳の書き方や使い方を真似してみることをおすすめしたい。

職人が師匠の仕事ぶりを盗むように、「これはいい」と思う手帳の使い方を見つけたら、堂々と真似てみよう。

10

書き方のコツ／1日のスケジュール表

時間割を明確にし、行動をチェック・記録する

1日のスケジュール表・記入例

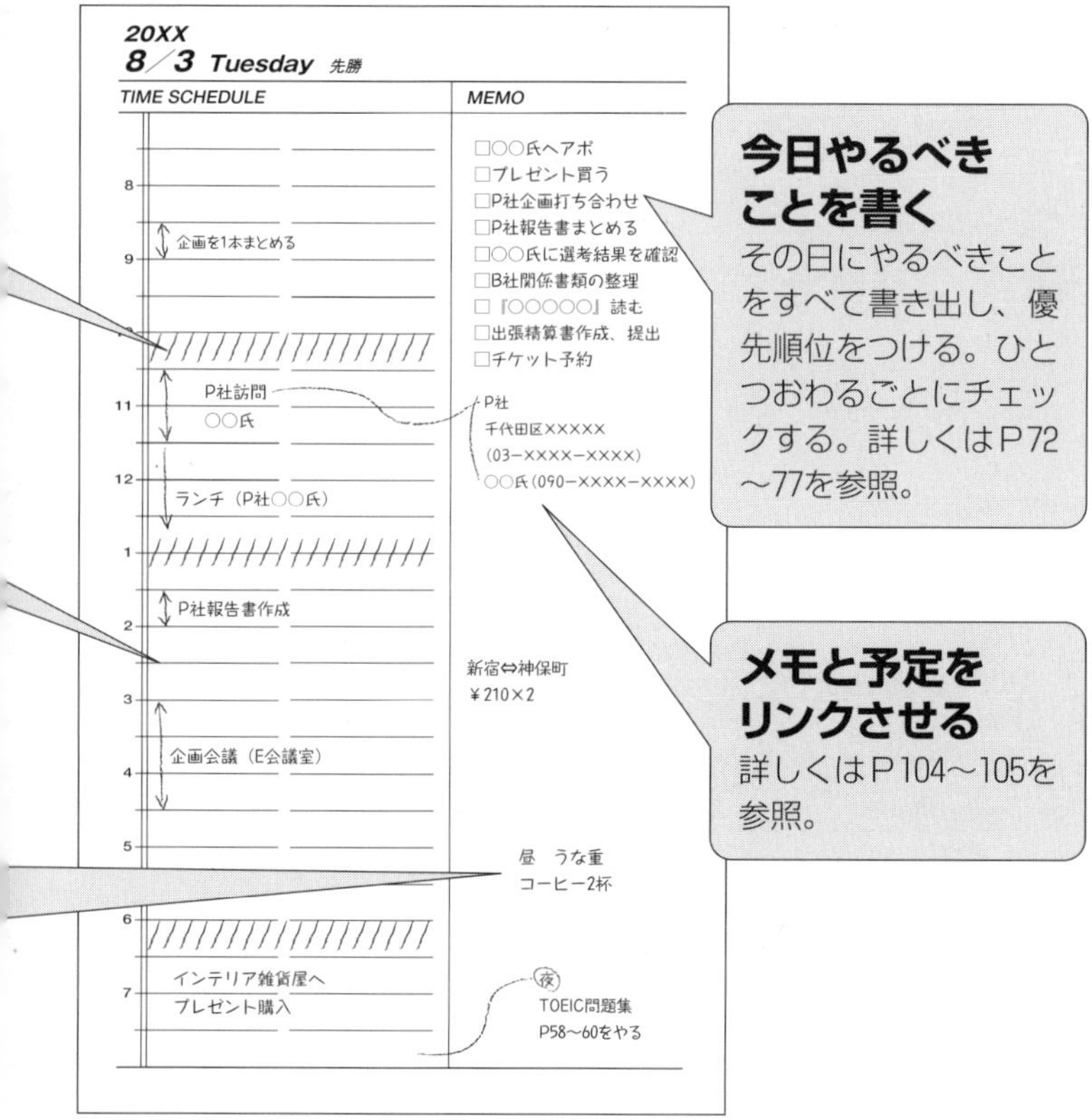
20XX
8／3 Tuesday 先勝
TIME SCHEDULE
MEMO
8
9
11
12
1
2
3
4
5
6
7
企画を1本まとめる
P社訪問
○○氏
ランチ（P社○○氏）
P社報告書作成
企画会議（E会議室）
インテリア雑貨屋へ
プレゼント購入
□○○氏へアポ
□プレゼント買う
□P社企画打ち合わせ
□P社報告書まとめる
□○○氏に選考結果を確認
□B社関係書類の整理
□『○○○○○』読む
□出張精算書作成、提出
□チケット予約
P社
千代田区×××××
（03−××××−××××）
○○氏（090−××××−××××）
新宿⇔神保町
¥210×2
昼　うな重
コーヒー2杯
夜
TOEIC問題集
P58〜60をやる
今日やるべきことを書く
その日にやるべきことをすべて書き出し、優先順位をつける。ひとつおわるごとにチェックする。詳しくはP72〜77を参照。
メモと予定をリンクさせる
詳しくはP104〜105を参照。

1週間の計画をもとに、その日の予定を時間単位で記入し、やるべきことを書き出す。その場合、移動時間や、予定と予定の間に予備の時間を空けておくようにする。やるべきことを書くことで、やり残しはないか、予定より遅れていないかをチェックできる。遅れがあれば、そのつど予定の変更も行なう。

また、1日を記録するのにも便利だ。自分の行動記録はもちろん、余白にアポイントなどの連絡先や、ちょっとした感想を書き込めば、日記がわりにも使える。

マークを使って わかりやすく

記入スペースのかぎられている手帳では、記号やマークを活用して、わかりやすくする工夫が必要。

記号なら記入するにも簡単でスピーディだ。

一般的に使われている記号以外に、自分だけにしかわからないオリジナルのマークを使うのもいいだろう。ただし、後で見返したときに「何をあらわしているかわからない」などということのないよう注意したい。

主な記号・略号の例

F－ファックス
T－電話
M－メール
＋－プラス
＝－イコール

会－会議
打－打ち合わせ
訪－訪問

★－重要なこと
?－未確定の予定
※－注意書き

移動時間を確保する
現地にたどり着くまでの時間を計算しておく。乗り換えや待ち時間の考慮も忘れずに。

予定を目一杯入れない
詳しくはＰ84～85参照。

記録簿として使う
体調や交通費、食べたもの、行った店など、日記や健康の記録などとしても活用できる。詳しくはＰ122～129を参照。

手帳に書くのは あくまで手段

手帳を使うのは目的ではなく、仕事をスムーズにする、人生を充実させるための手段だ。妙にていねいに書いたり、カラフルにしたり、余分なページを増やす必要はない。こだわりたくなる気持ちはわかるが、書くのが面倒になるようでは本末転倒。

必要最低限の要素とルールで、簡単に使えるようにしておこう。

11 自分とアポイントを取る

〝あれこれやりたいのに時間がない〟をなくす

あらかじめ予定を入れる

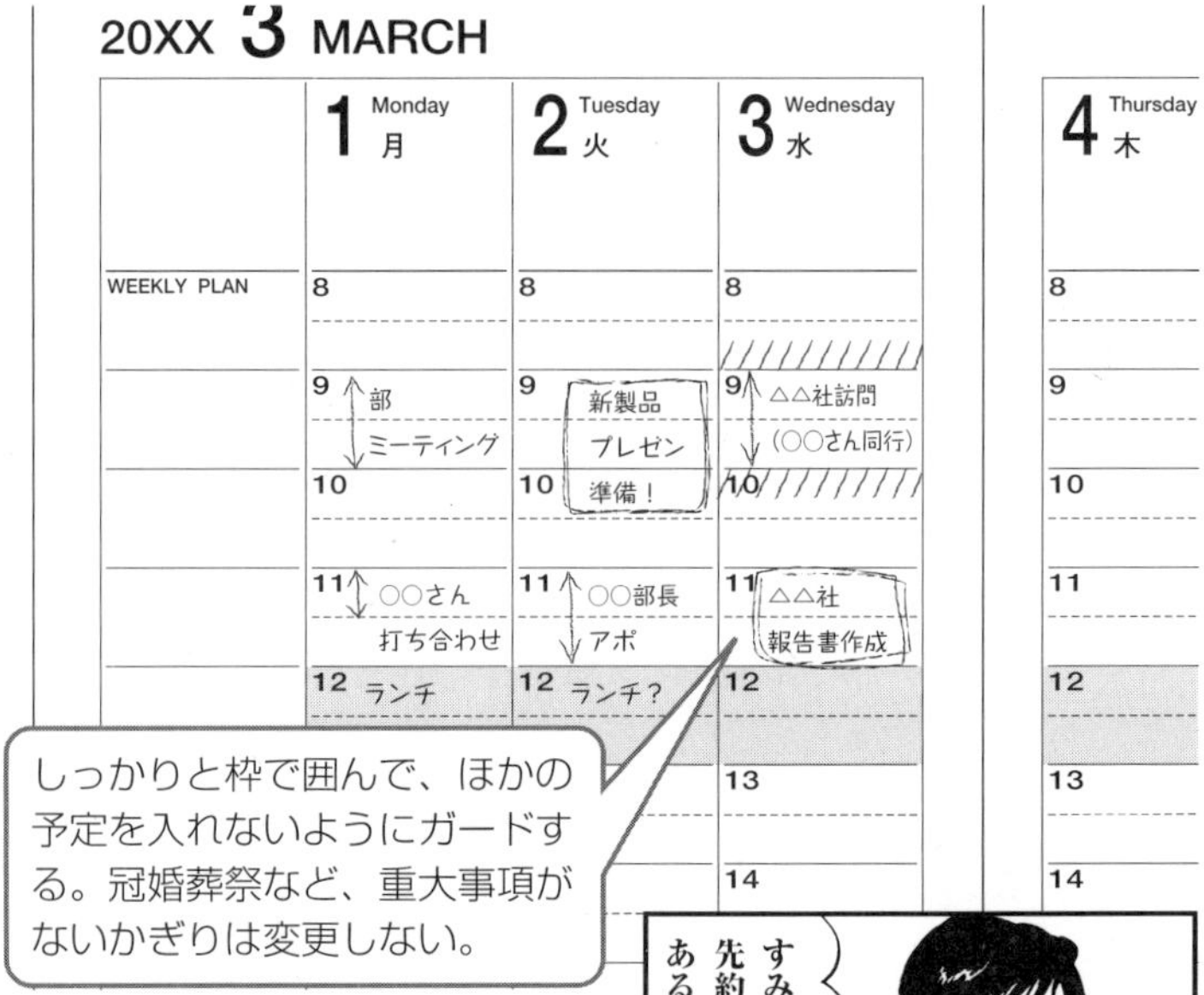

20XX 3 MARCH
WEEKLY PLAN
1 Monday 月
2 Tuesday 火
3 Wednesday 水
4 Thursday 木
8
9
10
11
12
13
14
部ミーティング
○○さん打ち合わせ
ランチ
新製品プレゼン準備！
○○部長アポ
ランチ？
△△社訪問（○○さん同行）
△△社報告書作成
しっかりと枠で囲んで、ほかの予定を入れないようにガードする。冠婚葬祭など、重大事項がないかぎりは変更しない。

すみません先約があるんですよ

割り込みの仕事は遠慮せずに断り、空いている別の日時に回す。つい仕事を優先してしまいがちだが、それをやってしまうと、いつまでたっても同じことの繰り返し。やると決めたことは変更しない。

「今度休みがとれたら○○しよう」とか「この仕事のせいで次の仕事にとりかかれない」というのは、もうおわりにしたい。将来の夢や目標があるなら、なおさらだ。1年365日、1日は24時間しかない。ひと区切りついたらとか、いつかやろうでは、いつまでたっても時間は得られない。自分の時間は自分で確保するしかない。

そこで実践したいのが「自分とアポイントを取ること」だ。手帳にやりたいことをどんどん書き込み、先に埋めてしまうのである。

手帳に書き込んでおけば、それ

たとえば、水泳

バリバリと仕事をこなしていくには、健康であることは必須条件だ。健康第一と考え、自分が決めて始めたことなら、週3日のプール通いも重要項目である。

たとえば、音楽や読書

世間知らずな「会社人間」にならないためには、教養を身につけたり、心に余裕をもつ時間も大切。趣味も後回しにしないで。

は立派なアポイントになる。断る際も「その日は予定があります」と堂々と答えられるはずだ。この方法は仕事の段取りだけでなく、プライベートの充実のためにも使える。もう、仕事や時間のなさを言い訳にするのはやめよう。

システム手帳（P39参照）

綴じ手帳（P39参照）

「使用中の手帳のタイプは？」

という質問の答えは、

「システム手帳派」と「綴じ手帳派」

がおよそ半々に。

それぞれメリット・デメリットを確認して、
自分に合った手帳を使いたい。

P39へ。

● まわりの人に聞いてみました

「手帳を1日に何回チェックする?」

結果は、「1回」～「いつも開きっぱなし」の人までいろいろ。ただし、チェックするタイミングは、「朝」と「終業時」が特に多い。

⬇

手帳のチェック回数と、仕事の出来は正比例する。P56で手帳をチェックするポイントを押さえよう。

今回は手ごわそうな相手だな
中沢さんに島さんか

Part 2

手帳の選び方、使う前の基本を学ぶ

12

忘れてもいい安心感を手に入れる

手帳に書けば、目の前のことに集中できる

頭の中にある情報

仕事の予定やプライベートの用事など、頭の中にある懸案事項をすべて書き出す。

例
- ●今日の予定
- ●明日のプレゼン
- ●出張の準備
- ●ひらめいた企画
- ●買い物リスト
- ●チケットの予約

情報を頭の中から手帳に移す

手帳に書いておけば、忘れないようにしようと働いていた頭の中のメモリを別のことに使える。手帳を頭の外部メモリとして考えればいい。これによって頭の中に余裕ができ、集中力がアップする。

やらなければならないことが多いとき、効率よく事を片づけるには集中力が必要だ。

企画書が気になりつつも、次の仕事の下調べやら、書きかけの報告書など、頭の中に懸案事項が積み重なっていると、結局、どれも思うように片づかない。といって、ひとつに集中したばかりに、ほかの用件を忘れては意味がない。

安心してほかの用件を一時的に忘れ、目の前にある仕事に集中するにはスケジュール欄に用件を書き込み、やりおえたら線で消したり、チェックしていくようにすれ

手帳に書くとこう変わる

手帳に書く		頭で覚える
今後の予定ややることなどは、無理に覚えておく必要はない	←	やるべきことや約束をすべて覚えていなくてはならない
↓		↓
「忘れても手帳を見ればいい」と安心感があり、ゆとりが生まれる	←	「忘れてはいけない！」と頭と心が休まらず、余裕がない
↓		↓
目の前の仕事だけに集中できる	←	あちこちに神経を使って、仕事に集中できない

ばいいのだ。

やり忘れがないように気にしながら取り組むよりも、手帳に書くことでムダな心配事を減らせる。思考をフル回転させることができれば、仕事の質も効率もぐっとアップする。

「手帳が白紙の幸せ」もいいかも……

手帳を使う習慣ができると、予定のない日に対して「自分は何もしていない」と不安を覚えるかもしれない。だからといって、必要ない仕事や、気が乗らない誘いを無理に受ける必要はない。それは手帳を埋めるためであって自分の行動管理のためではない。手帳が白紙の日を幸せと感じられる余裕をもちたい。

13

機能・見た目・使いやすさで判断

今のあなたにぴったりの手帳を選ぶ

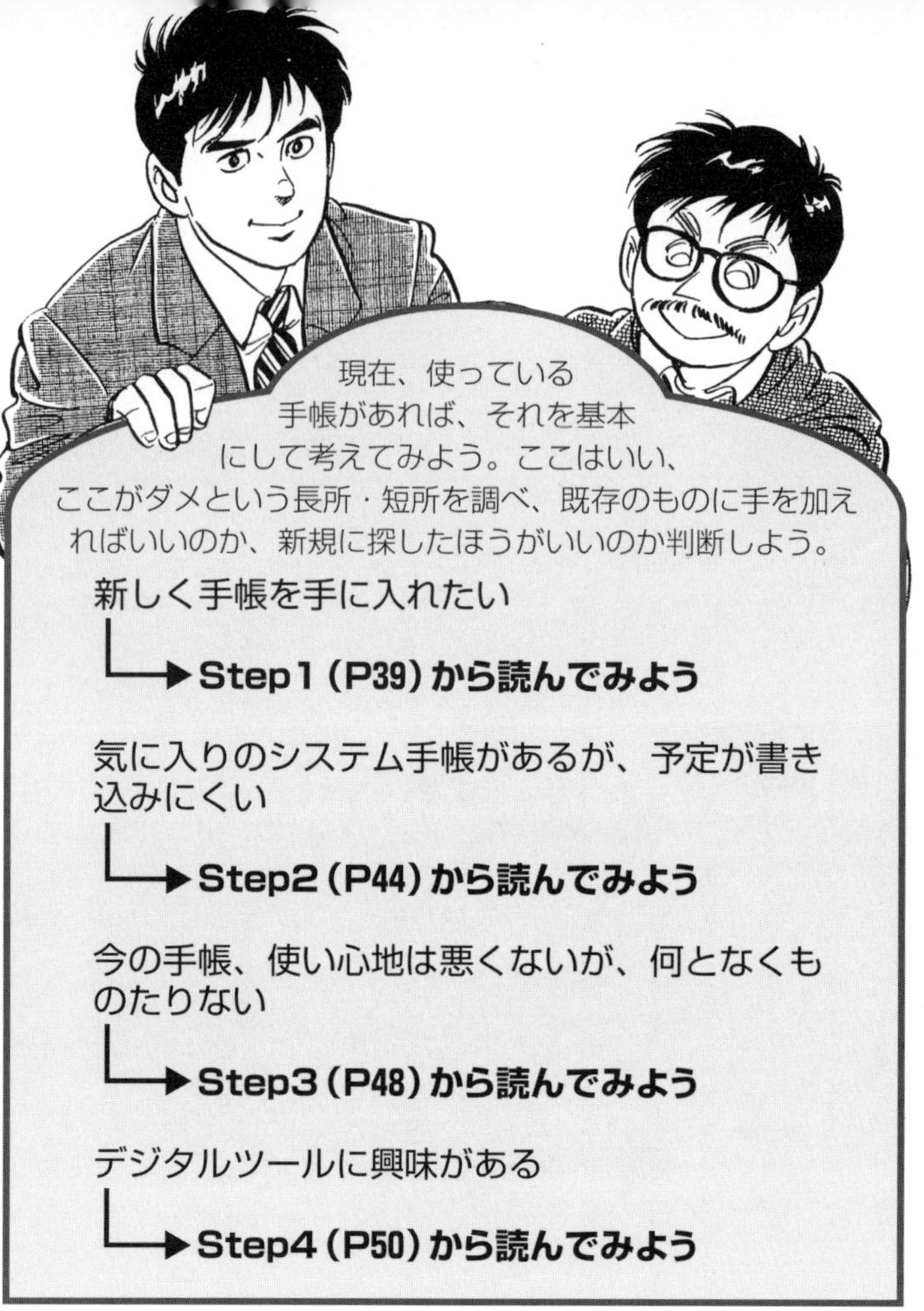
現在、使っている
手帳があれば、それを基本
にして考えてみよう。ここはいい、
ここがダメという長所・短所を調べ、既存のものに手を加え
ればいいのか、新規に探したほうがいいのか判断しよう。
新しく手帳を手に入れたい
→Step1（P39）から読んでみよう
気に入りのシステム手帳があるが、予定が書き込みにくい
→Step2（P44）から読んでみよう
今の手帳、使い心地は悪くないが、何となくものたりない
→Step3（P48）から読んでみよう
デジタルツールに興味がある
→Step4（P50）から読んでみよう

手帳を選ぶには、まず自分のことをよく知っておかなければならない。手帳はときには秘書、ときにはよき人生のパートナーとして存在するものだからだ。

年齢や職種、ライフスタイルが変われば、手帳も変わる。今の自分をわかっていないと、何を基準に手帳を選べばよいのかわからなくなる。

膨大な種類の手帳のなかから自分の理想に合うものを探すには、手帳のハード（外身）とソフト（スケジュールレイアウト）の両面から手帳を選ぶ必要がある。

手帳のハード（外身）を決める

TYPE タイプ

既製品か？ オーダーメイドか？

手帳には、ひと通りの要素がセットされている綴じ手帳と、自分の好みで中身をカスタマイズ（入れ替え）できるシステム手帳がある。前者は既製品、後者はオーダーメイドと考えればよい。それぞれのメリット・デメリットは下の通りだ。

値段はどちらのタイプもピンキリだが、長年使えるシステム手帳のほうが高価なものが多い。

綴じ手帳

4 APRIL
3
4
5
6
7
8
9
しおり

簡単でコンパクト

名刺サイズからA4サイズが一般的。あらかじめカレンダーやスケジュール帳が綴じられている。扱いが簡単。システム手帳よりコンパクトなので携帯にも便利だが、内容をカスタマイズできず、記入できる情報量も比較的少なめ。

システム手帳

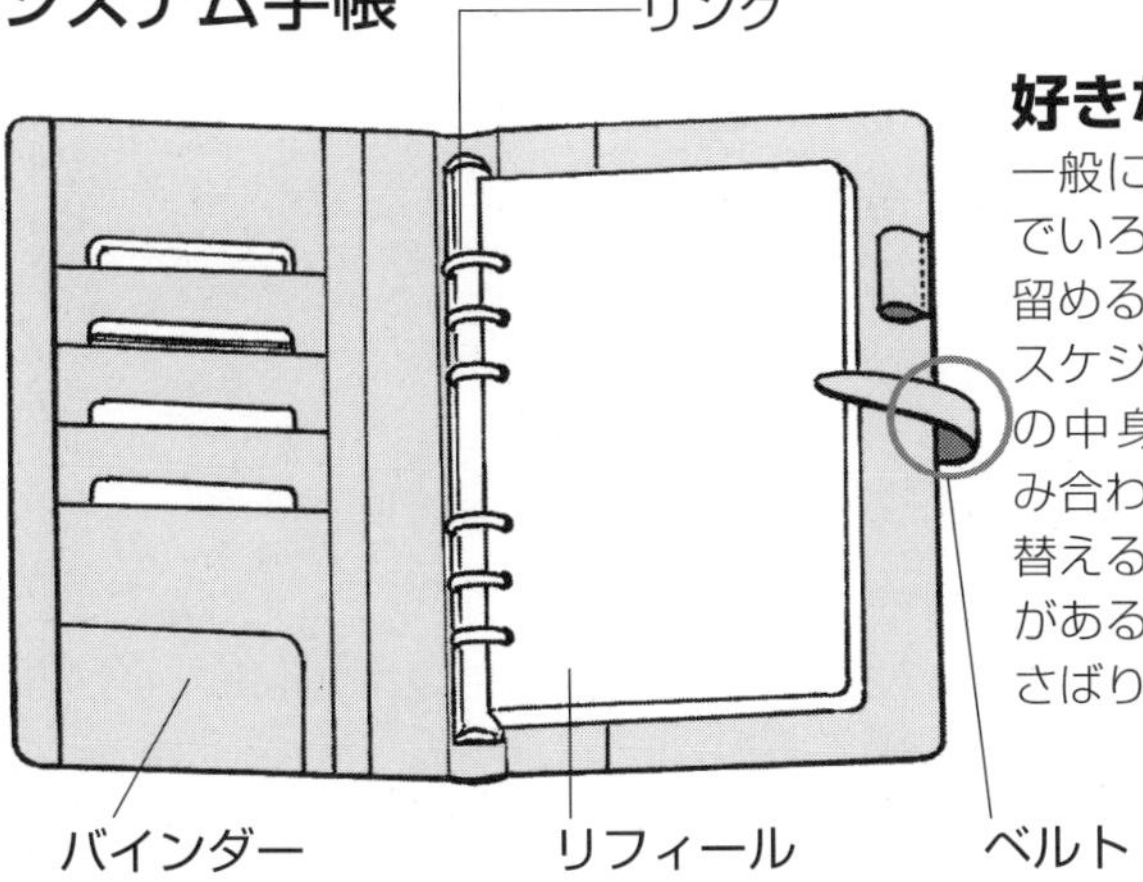
リング
バインダー
リフィール
ベルト

好きなように調整できる

一般に名刺サイズからA5サイズまでいろいろな種類がある。リングで留めるバインダー式で、自分好みのスケジュール表やメモ、資料などの中身（リフィールという）を組み合わせて使う。リフィールを入れ替えることで何年も使える。リングがあるぶん、綴じ手帳より重くてかさばり、携帯しにくい点もある。

サイズ SIZE

手帳の指定席を考えよう

手帳のサイズを決めるには、ふだん手帳をどこに入れておくかがポイント。スーツやYシャツのポケットなのか、鞄に入れて持ち歩くのか、デスクに備えておくかによって異なる。携帯派ならポケットのサイズや鞄の大きさを基準に、デスク派は引き出しの大きさや、デスク上に置いても邪魔にならない大きさ、というように選ぶと失敗が少ない。

※この本の大きさ A5サイズ（210mm×148mm）

B6サイズ（182mm×128mm）

システム手帳バイブルサイズ（約171mm×95mm）

スーツポケット縦長サイズ（約175mm×90mm以下）

A6サイズ（148mm×105mm）

Yシャツポケットサイズ（約130mm×85mm以下）

システム手帳ミニ6穴サイズ（約126mm×80mm）

システム手帳ミニ5穴サイズ（約105mm×61mm）

大きい ← 大きさ → 小さい

低い ← 携帯性 → 高い

多い ← 記入量 → 少ない

※サイズは紙の大きさを示す。カバーを含むとひと回り大きくなる。

素材 MATERIAL

見た目？ 性能？ どっちを重視する？

手帳の多くはビジネスの場で取り出したり、広げることが多い。つまり、手帳はもうひとつの自分の顔と考え、素材にこだわることも大事である。特に数年間使用するシステム手帳は上質な素材を選んだほうが耐久性にすぐれ、使い込むほどに風合いも出てくる。

使用環境によっては防水加工がしてあるものがよい場合もある。

素材	特徴
革	高価なものが多く、ステータス感は申し分ない。耐久性にすぐれている。使い込むにつれ手になじみ、革独特の深みのある風合いが出てくる。
─ 牛	牛革でもっとも高級なのが「カーフ」。傷が少なく薄くて軽い。ついで「キップ」、「カウ」、「ステア」、「ブル」のランクがある。丈夫さでいえば「ステア」がもっとも強い。
─ 水牛	「バッファロー」ともいう。牛革に比べるとやや粗いが、型くずれしにくく、非常に丈夫。
─ 馬	一般に馬革は薄くて柔らかく、表面のツヤも美しい。なかでも尻の部分の革をなめした「コードバン」はキメ細かく丈夫な高級品。
─ 豚	「ピッグ」と呼ばれるものが一般的。表面に毛穴があるのが特徴。軽量だが、摩擦には強い。
└ ダチョウ	「オーストリッチ」ともいう。表面に丸い突起があるのが特徴。非常に丈夫で、使い込むとツヤが出る。
合成皮革	見た目や風合いは本革よりも劣るが、安価で手入れも簡単。丈夫なので多少荒っぽく使っても大丈夫。
布	女性向けのカラフルで華やかなタイプのものが多い。軽いが、使用していくにつれ、角が折れ曲がりやすいなど、耐久性はあまりよくない。
合成樹脂	安価で耐久性もある。多少の水濡れも大丈夫。汚れがつきにくい。屋外で使用することが多い人向き。

色 COLOR

TPO？ 好み？

手帳カバーの色は自分の好みで選んでよいが、ビジネスシーンで他人の目に触れることが多いかどうかも考慮したい。信頼感や誠実な印象を与えるなら黒や茶、紺などがいい。ただ、職種によっては自分のキャラクターを際立たせるために、個性的な色を選ぶのもありだ。

元気、活発
オレンジ色や黄色は、活動的なイメージがある。淡い色を選べば、やさしさも演出できる。

青

緑

茶

黒

紺

冷静さ、安らぎ
青は冷静さや知性、緑は安らぎや潤いのイメージ。濃い色ならばダンディな印象も。

誠実・落ち着き
モノトーンや茶色、紺色はあらゆるビジネスシーンに対応。信頼感や落ち着いた大人のイメージを与える。

オレンジ

黄

赤

情熱、パワフル
赤はエネルギーや情熱のイメージ。J.F.ケネディが米大統領選挙演説のとき、赤いネクタイで登場したエピソードは有名。

※明度、濃度もポイント。同じ色でも鮮やかなものとダークなもの、濃いものと淡いものでは、まったく印象が異なる。

派手な色をビジネスシーンに取り入れるコツ

ジャラジャラとアクセサリーをつけて、エナメル靴を履いた人がオレンジ色の手帳を開いても、相手の目には「軽薄なヤツ」としか映らない可能性が。

清潔で控えめなスーツを着こなしたあなたが、黒いビジネス鞄から淡いピンクの手帳を取り出してこそ、アクセントになり、強い印象を残すのだ。派手な色の手帳を使いつつ有能なビジネスマンのイメージを壊さないためには、手帳以外の色を極力抑えるのがポイント。

システム手帳を選んだ人は

リングの径（厚さ）

持ち歩きたい情報量で選ぶ

システム手帳を選ぶとき、盲点になりやすいのがファイルを綴じるリングの直径。一般に8〜30ミリまであり、リングの直径が大きければファイルできる量も多くなるが、そのぶん厚みも増す。

選び方としては、ふだん持ち歩きたい情報量が決め手となる。3ヵ月分でいいのか、半年分か、1年分をまとめたいかを目安に選ぶとよい。

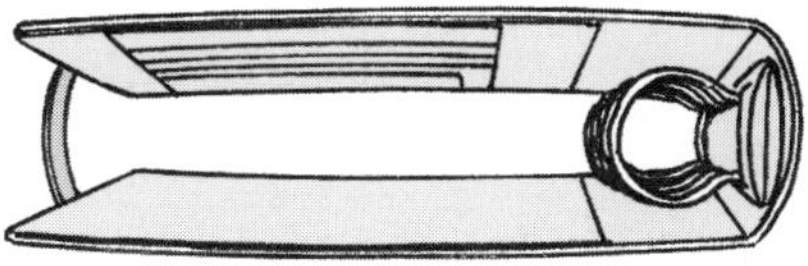

リング:10ミリ径
=リフィール:約80枚

年間、月間、週間、日程のリフィールに加え、メモ用紙やファイルなどをつけると、1ヵ月分で約40枚前後になる。その場合、持ち歩ける情報量は2〜3ヵ月分。

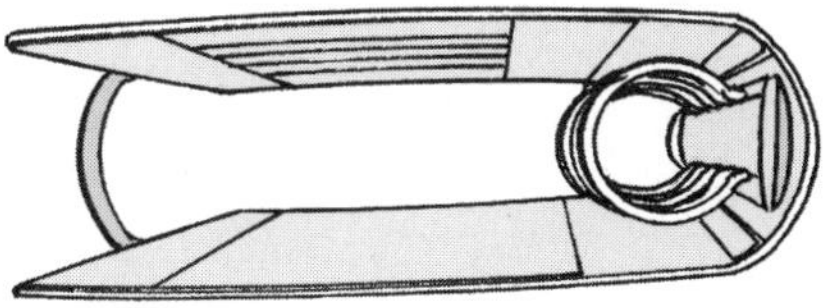

リング:20ミリ径
=リフィール:約180枚

10ミリ径の2〜3倍の情報量が持ち歩ける計算となるが、そのぶん厚く重くなることを考慮しよう。

デキル人は心を込めて大切に手帳を使う

1年で使い切る綴じ手帳と違って、システム手帳は数年間使いつづけるものだ。年月を経て使い込むほどに、その人の個性をあらわす。数万円もする上質な本革でも手入れが悪いとツヤも失われ、傷だらけになる。年季が入ったといえば聞こえはいいが、手帳をよきパートナーとして扱う人は違う。手をかけ、メンテナンスもしっかりやっているものだ。ときにはオイルで革を磨き、リングのかみ合わせが悪くなれば取りかえる。

手帳の手入れをしながら、静かに戦略を練ることもある。デキル人ほどそうやって心を込めて使い込む。そして、そんな人は手帳が自分を育ててくれたことをよく知っている。

手帳のソフト（スケジュールレイアウト）を決める

手帳のスケジュールレイアウトは仕事や生活スタイルに合ったものでないと使いにくい。たとえば、1日に数件のアポイントがあるような場合は1日分の書き込み欄が大きいものがいいが、週単位で予定を組む人は見開きで1週間の予定が書き込めるほうが便利だ。下の4点に注目し、自分の都合に合ったレイアウトを選びたい。

ポイント

見開きで一覧できるスパンの長さ

手帳を開いたときに、何日分の予定をひと目で把握したいか考える。1日分、2日分、1～2週間分、1ヵ月分、1年分など。仕事のスパンやライフスタイルによって、どの程度の間隔ごとに区切ったほうが便利か判断する。

書き込む量

仕事のアポイントが多いとか、日記風に書き込みたいなど、1日分の書き込む量が多いか少ないかを見極める。

時間メモリの有無

1日に複数のアポイントがあるような場合は、時間メモリがあったほうが便利。日記やメモ、雑記帳にしたいならなくてもよい。

紙の厚さ

手帳の重さや厚み、携帯のしやすさに関わる。破れや裏うつりが気になるなら厚口のほうがよい。システム手帳は、一度にファイルできる枚数によって決めるとよい。

スケジュール欄のタイプいろいろ

1年を計画的に

ジャバラタイプ

折りたたみ式で、全部広げれば1年間のスケジュールを見ることが可能。年間の予定がパッと見渡せるので、月をまたいだり、長期予定を組むことが多い人に便利。月間タイプや1日1ページタイプなどを組み合わせて用いるのが一般的。

なじみのある

月間カレンダータイプ

1ヵ月ごとのスケジュールを把握するのに便利。1日の書き込みが少ない人なら、これだけでも十分に使える。書き込みが多い場合は、1日1ページタイプや1週間ゾーンタイプと組み合わせるとよい。

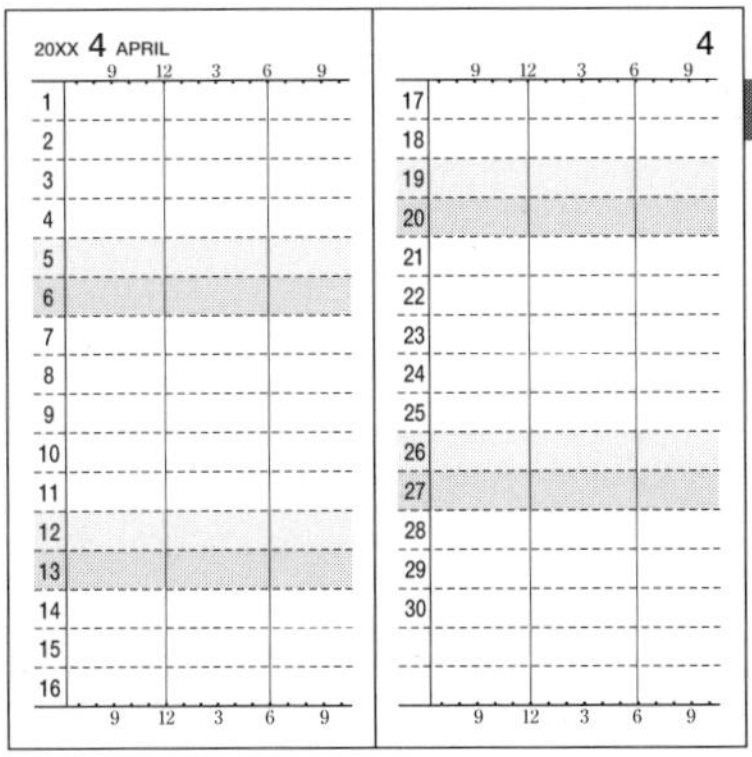

時間メモリがある

月間タイプ

1ヵ月分のスケジュールに時間メモリがついたタイプ。書き込み欄は少ないが、就業時間がシフト制になっているような人には便利。早番や遅番、夜勤などの予定を書き込みやすい。

スケジュール欄のタイプいろいろ

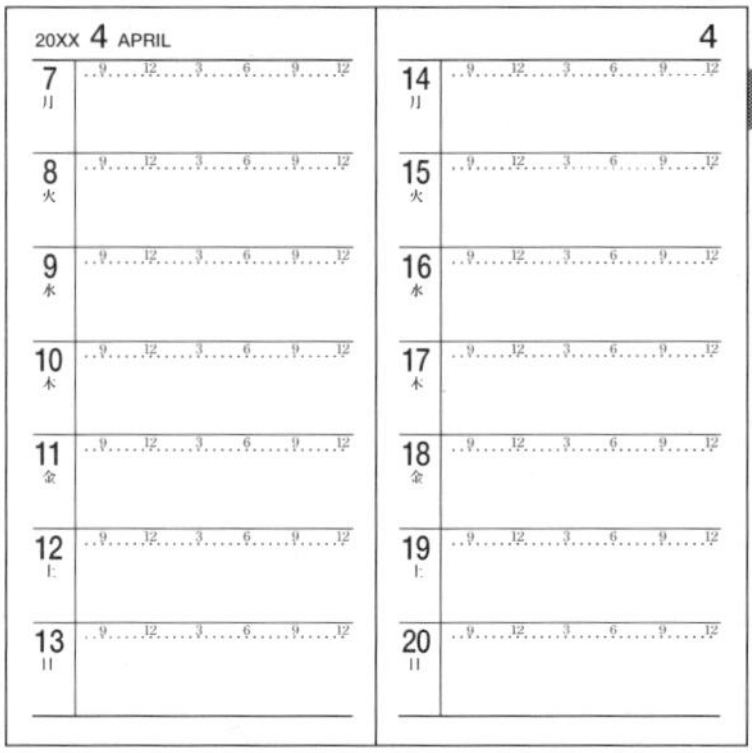

記入の少ない人には

2週間タイプ

見開きで2週間分のスケジュールを確認できる。1日あたりの書き込めるスペースはあまり多くはないが、そのぶん手帳のページが少なくてすむ。薄くて軽量なので、携帯性を重視したい人にすすめられる。

記録や雑記にも便利な

1週間2ページタイプ

見開きで1週間分のスケジュールを確認できる。手帳のサイズによって異なるが、記入量は比較的多い。時間メモリがないものは、1日にアポイントが何件もある人には向かないが、日記や雑記帳としても使いやすい。

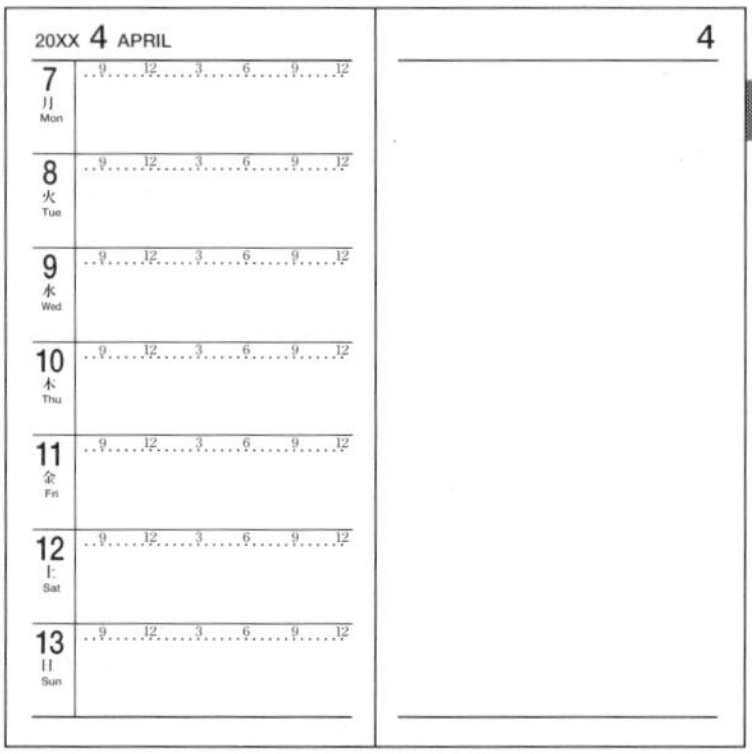

余白メモとセット

1週間1ページ+メモタイプ

見開きの左側に1週間分のスケジュール、右ページにはランダムに書き込める余白メモが設けてあるタイプ。時間メモリがついたものもあり、アポイントが多い人にも使いやすい。余白メモは予備のスケジュール欄やアポイントに応じた備忘録として活用大。

アポイントと空き時間がわかる

1週間バーチカルタイプ

見開きで1週間のスケジュールを確認できる。最大の特徴は、横軸に曜日、縦軸に時間メモリが配置されており、1週間分のアポイントと空き時間がひと目でわかる。アポイントが多い人や、シフト制の仕事の人にも便利。

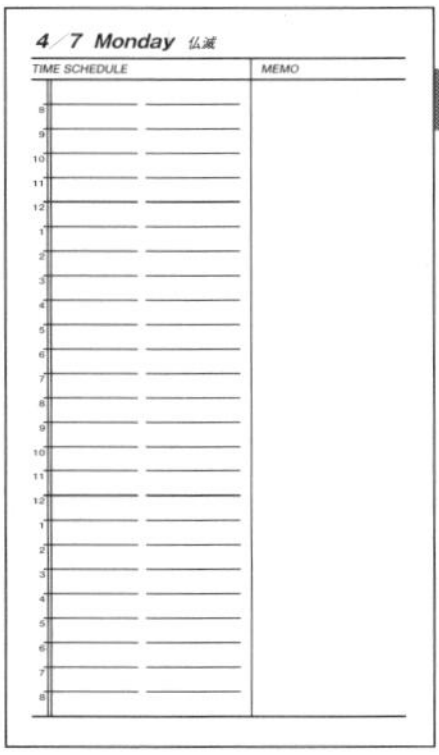

たくさん書き込みたい人は

1日1ページタイプ

1日のアポイントが非常に多い人、日記や雑記帳としてたっぷり書き込みたい人にすすめられる。ただし、分厚く重いのがデメリット。年間、月間のスケジュール管理にはジャバラタイプや月間カレンダータイプを組み合わせるとよい。

何曜日始まりか、チェックを忘れずに

手帳選びのとき見落としがちなのが、スケジュール帳が何曜日で始まっているかだ。スケジュール帳には一般的に始まりが日曜日のものと、月曜日のものがある。土日を利用して外出することが多い人は、日曜日始まりのものだと土日が分かれてしまって書きにくいため注意が必要だ。前年と違う綴じ手帳やリフィールを購入するときも、始まりの曜日を必ずチェック。うっかり前年の手帳と違う曜日始まりのものを選んでしまうと、慣れるまでは困ることが多い。日曜日の欄に月曜日の予定を書いてしまうなど、思わぬ失敗のもととなるからだ。

また、手帳によっては土日は平日よりも書き込み欄が小さい「平日重視型」のものもある。週末が休みとはかぎらない職種の人や、週末の予定もしっかり書き込みたい人はこの点もチェックポイントだ。

手帳の使い勝手をよくするリフィールグッズ

システム手帳のリフィールには、目移りするほどさまざまな種類がある。あれもこれも欲しくなるのだが、スケジュール帳以外はあくまでオプション。ただ便利そうだからとか、あるといいかもしれないという理由でそろえると手帳はかぎりなく厚く重くなる。メインのスケジュール帳をサポートするもの、足りないものをおぎなう少数精鋭が望ましい。

メモ

ランダムに書き込めるスペースとしてメモ用紙は必ず常備しておきたいアイテム。とっさのメモや、ちょっとした思いつきやアイデアを書き留めておくのに使える。無地、罫線入り、方眼のほか、色つきのものなどがある。

目的別メモ

商談メモや議事録、顧客カードや見込み客リストなど、きちんと記録を残しておきたい項目を整理するのに便利。やるべきことを書き込んでチェックするTo Do（やること）リストも必須アイテムに加えておきたい。

アルバムの台紙

家族やペットの写真、あこがれの車や目標とする欲しいものの写真を貼っておくのに使える。

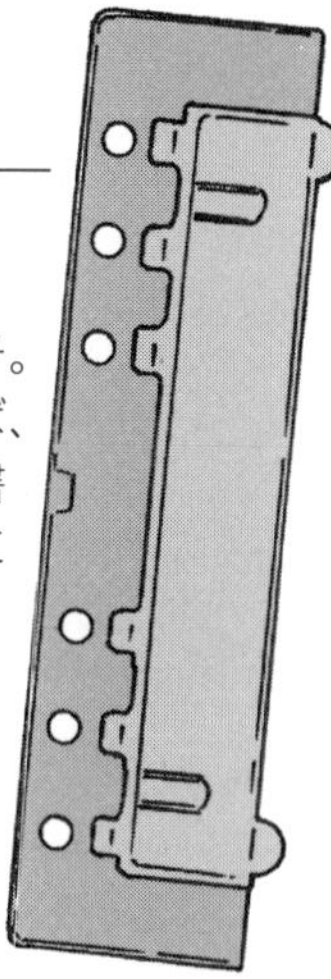

スリムパンチ

薄型の穴開けパンチ。これで穴を開ければ、普通のメモ用紙や書類をシステム手帳にファイルできる。

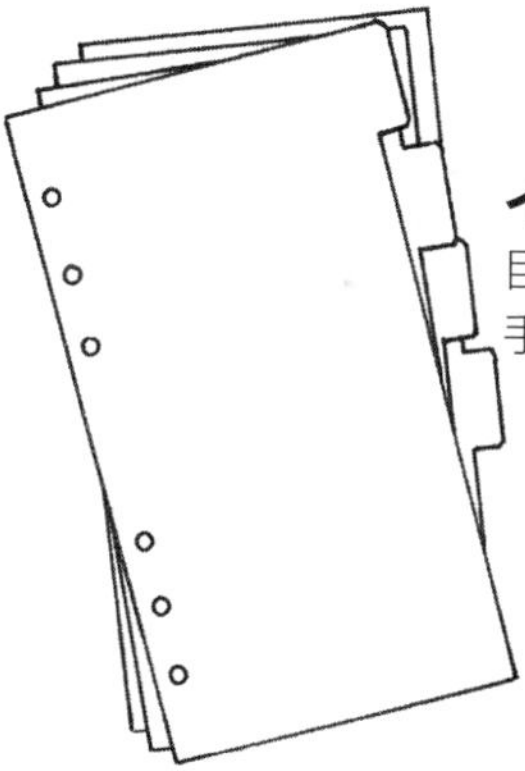

インデックス

目当てのページをサッと広げることができ、手帳の中身を整理するときにも役立つ。

路線図

電車や鉄道を利用することが多い人には便利。新規路線が追加された場合は買い替える必要がある。

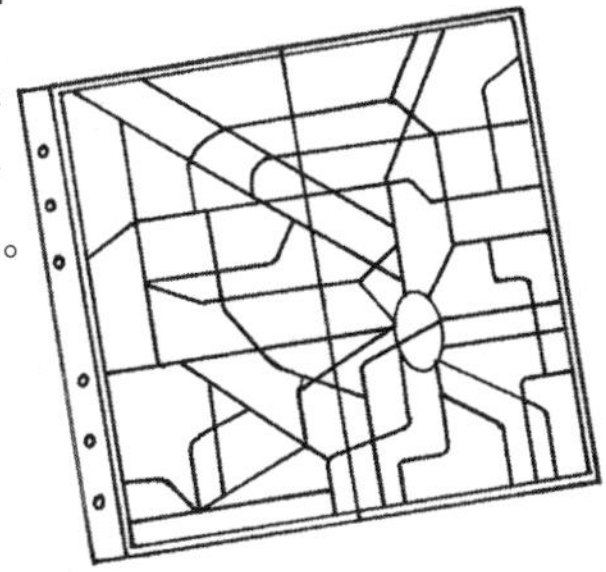

カード（名刺）ホルダー

進行中の仕事関係者の名刺を一時的に保存するのに便利。自分の予備の名刺を入れておいてもよい。

クリアファイル

切り抜きやメモなどの保存に便利。カードや礼状用のハガキ、切手、シ　ルの常備にも使える。

「オリジナル・リフィール」をつくる

　仕事関係のリストや顧客名簿など、市販品では使い勝手が悪いことがある。そこで、パソコンでオリジナルのリフィールをつくることを提案したい。

　自分でフォーマットを作成し、無地のリフィールに印刷すればよい。インクジェット対応のリフィールも市販されている。

　ひと手間かければ、ワンランク上のオリジナルリフィールを手に入れることができる。

補強用のシール

リフィールのバインダー用の穴が破れてしまったり、ちぎれたときのため用意しておきたい。

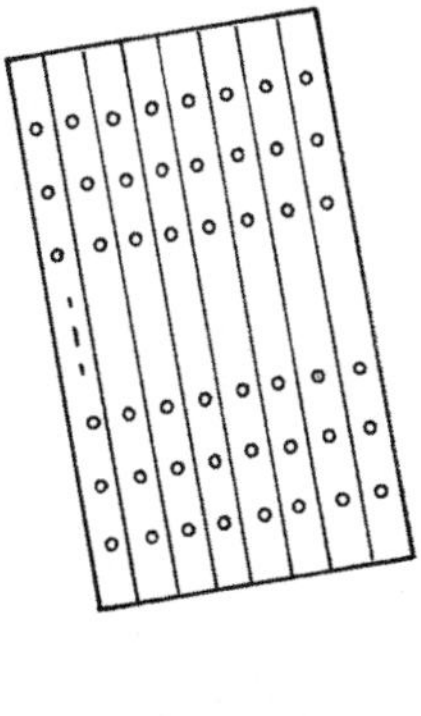

デジタルツールを取り入れる

PDAやパソコン、携帯電話の普及は、手帳の使い方にも少なからず影響している。PDAやパソコンは記録できる情報量の多さで手帳を圧倒する。編集や検索のシステム、スピード面も有利だ。
紙の手帳とうまく組み合わせたい。デジタル機器にも得手不得手はある。どう使うかが重要なのである。取り入れる場合はその点をふまえて使いこなすことが必要だ。

メリット

コンパクトで携帯に便利。記入、削除、変更の操作も簡単。Eメールやインターネットもできる。また、ソフトによって機能を拡張できる。パソコンと連動したスケジュール管理も可能。

PDA

デメリット

変更・消去前の書き込みや記録が残らない。さらに、電池切れや故障、ウイルス感染の心配があるので、バックアップをとっておかなければならない。

PDAとは……

手のひらサイズの情報端末。画面にペンで入力する電子手帳タイプと、キーボードのついた小型ノートパソコンタイプがある。紙の手帳と同様の機能に加え、上のメリットに書いた機能のほか、音楽再生、撮影のできるものも。

パソコン

メリット

情報量、編集能力、検索システム、ネットワークに関してはもっともすぐれている。ソフトも多種類使用できる。社内LANで情報の共有・管理も可能。

デメリット

コンパクト化が進んでいるが、携帯のしやすさという点ではもっとも劣る。また、本体の故障やデータの損傷、ウイルス感染を予測し、つねにバックアップをとっておくことが必須。

携帯電話

メリット

つねに携帯できるという点ではベスト。電話帳や住所録のほか、スケジュールやアラーム、テキストの機能なども充実している。カメラ機能も活用大。パソコンやPDAのサブとして使える。

デメリット

機種によって機能がまちまち。キーや表示画面が小さく、操作が面倒。故障や紛失の心配があるため、バックアップをしておくことが必須。

手帳ソフトを使ってみる

パソコンでスケジュール管理をするときに欠かせないのが手帳ソフトだ。その種類は非常に多い。手帳を購入するときに中身を吟味するように、手帳ソフトもまた自分に合うもの、使い勝手がよいものを探すことが肝心だ。

ネット上では、スケジュール管理や事務処理、会計などのソフトが検索できる。有料のほか、無料のものやシェアソフトなどがあるので、ダウンロードして実際に使ってみながら、コレというものを探すとよい。このとき、自分の持っている携帯電話やPDAに連動できるもの、プリントアウトすれば手帳にファイルできるものを基準にして選ぶと、ベストの環境を整えることができる。

14 メインの手帳を一つ決めよう

手帳を2冊使う人、手帳とデジタルツールを併用する人は

外出先でよく使う人向き

持ち歩き手帳をメインにする

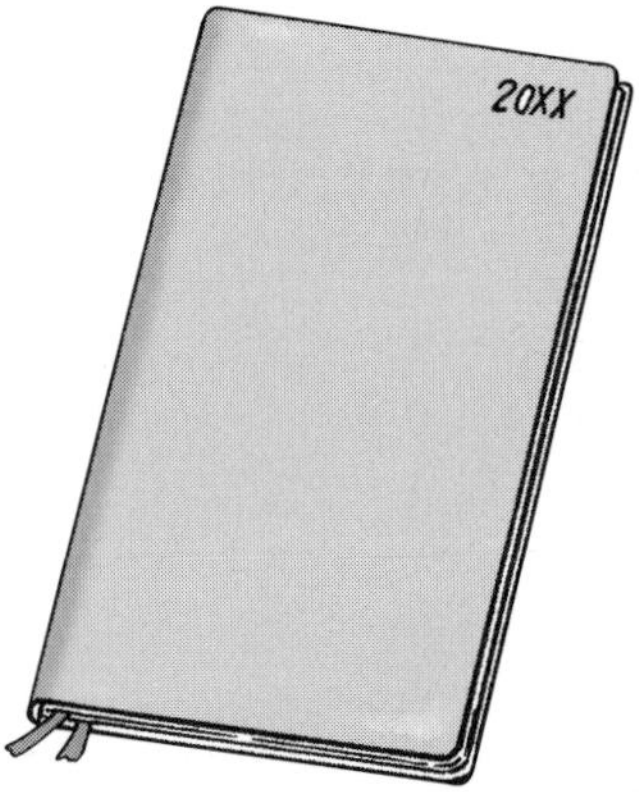

メリット
携帯する手帳をメインにすると、外出先でもすべてのスケジュールや情報を見ることができる。

デメリット
携帯に便利なコンパクトサイズは、記入スペースが不足しやすい。また、紛失したときのダメージが大きい。

＋

パソコン
大量の情報を検索したり、編集できる。会社で情報を共有しているパソコンなら、上司や部下のスケジュールも把握できる。プリントアウトすれば、情報を持ち歩くことも可能。持ち歩き手帳のバックアップとしても使える。

＋

留守番手帳
持ち歩き手帳の情報を転記し、書ききれなかった情報を追加しておく。持ち歩き手帳を紛失した場合はバックアップにもなる。ただし、情報の記入ミスやすり合わせに注意が必要。

1冊の手帳で十分に間に合っている人もいるだろうが、なかには仕事用とプライベート用を分けている人もいるだろう。会社によっては、課やグループごとにパソコンでスケジュール管理を行なっているところもある。その場合は、手帳と会社のパソコンという組み合わせになる。

複数の手帳を使ったり、手帳とデジタルツールの組み合わせが多様化してくると、情報管理や情報のすり合わせが重要になる。スケジュールの記入ミスや記入もれ、それによるダブルブッキングなど

が起こりやすくなるからだ。
これを防ぐポイントは、必ずメインとなる手帳を1冊に決めることだ。特に仕事用の手帳は、これさえ見れば全部を把握できるというものを決めて、そのルールを厳守する。

机の上でよく使う人向き

留守番手帳をメインにする

メリット
ふだんは持ち歩かないので、大判の手帳が使える。情報の収容能力も大きい。パソコンで検索・編集した情報をプリントアウトして、添付することもできる。

デメリット
大きく分厚くなりやすいので、持ち歩くのには不便。

PDA
外出先でのスケジュール管理に便利。情報収容能力が大きいので、留守番手帳の情報も収容できる。ただし、変更したり、消去したとき証拠が残らないので、留守番手帳との情報のすり合わせが重要。

メモ、ふせん
外出先でのメモや記録を記入し、メインの留守番手帳に貼るようにすれば、記入ミスや記入もれを防ぐことができる。

組み合わせて使えるアイテム

ノート
持ち歩き手帳に入りきらない情報を整理したり、雑記帳としても利用大。

携帯電話
携帯電話のスケジュール機能やアラーム機能を活用したり、テキスト機能をメモとして使う。

ふせん
持ち歩き派にも留守番派にも便利。貼る・はがすの操作で情報を移動でき、転記ミスが防げる。

家のカレンダーともリンクさせよう

家族や友人とのプライベートな約束は、つい手近のカレンダーに丸をつけたり、書き込むことが多いものだ。うっかり自分の手帳に転記するのを忘れてしまうと、大事なイベントをすっぽかす心配がある。

家のカレンダーと手帳のリンク。これも忘れてはならないポイントだ。

15

手帳を100パーセント機能させるために

ルールを守り、情報を散らかさない

自分流の書き方を決める

書く

What　なにを
あれもこれも情報を詰め込みすぎると、大事な用件を見落とすことになる。スケジュールやアポイント、自分がやるべきことなど、書き込む項目を決めておく。例外的なことや単発的な用件はメモやふせんを活用して、手帳を整理・チェックするときに用事がおわったメモは捨てるなど、情報の取捨選択ができるようにしておく。

Where　どこに
手帳のどのページに書き込むかを決めておく。アポイントはカレンダーページに、自分がやることはTo Doリストに、打ち合わせの内容はメモページや議事録ページにと、自分で振り分けをして、情報が混乱しないようにする。ただ、細かく分けすぎると、かえって混乱する。大枠で整理するほうがよい。

How　どのように
アポイントの書き方ひとつとっても、時間、相手、用件などの要素がある。アポイントは記号化してたくさん書き込めるようにしたり、特に重要なアポイントと変更可能のアポイントは筆記具の色を変えるなど、後から見てわかるようにルールを決めよう。

手帳を使いこなすには、自分なりのシステムやルールを決めておかないと、手帳を何冊使おうが、デジタルツールと組み合わせようが失敗する。

Aのアポイントはカレンダーページに書いたのに、Bのアポイントを別のページに書き込んだりするのはもってのほかだ。情報があちこちに散らばると、手帳の機能が低下するだけでなく、ミスも起こりやすくなる。

アポイントはカレンダーページと毎日のスケジュールの両方に書くとか、そのアポイントに必要な

整理する

When いつ

夜寝る前や週末、休憩時間などに情報を整理する時間を設ける。移動中の乗り物のなかでもよい。書きっぱなしのメモや、スケジュールの組み方などを整理することによって、新たなアイデアが浮かんだりするものだ。

How どのように

書き込んだ情報を整理しながら、問題点や改善ポイントを見つける。それによって、スケジュールを組んだり変更したり、仕事の優先順位を見直すことができる。頭の中も整理できるので、仕事の能率アップにもつながる。

チェックする

When いつ

手帳をこまめに開いてチェックする習慣をつける。うっかり忘れたり、見落とした用件があっても、まめにチェックすれば、すぐにリカバリーできる。朝昼晩以外に、業務終了時や帰宅前、帰宅後などに行なう。

How どのように

チェックをしたことがわかるようにすることが大事。線で消したり、チェックボックスにしるしをつけ、証拠を残しておく。先送りするものや、優先順位を変えたものは、それがわかるように番号をふったり、マークをつける。

メモはふせんを添付しておくなど、ルールを決め、それを実行する。

また、手帳に書き込んだ内容をいつ整理整頓し、いつチェックするかも決めて習慣化する。自分の手帳ひとつ管理できなくて、仕事がうまくいくわけがないのだ。

生活スタイルに合った手帳を選ぶ

働くスタイルは人それぞれ違う。9時～5時勤務の人もいれば、夜勤の人、シフト制の人、それこそ24時間働いている人もいる。

手帳についている時間のメモリは、朝から夜までのものが多いが、24時間メモリのついた手帳もある。自分の生活スタイルに合ったものを選ぶようにしたい。

16

見れば見るほど効果がアップ

毎日9回、手帳をチェックする

朝

AM7:00

出かける前にCHECK

仕事とプライベート両方の予定を確認する。服装や持ち物を変える必要があるかもしれない。着替える前にチェックしよう。

AM8:00

電車の中でCHECK

スケジュールを見て、仕事の段取りを考える。外出の予定、社内での会議など、1日の流れを頭の中に入れておく。

AM9:00

会社でCHECK

仕事にとりかかる前に、手帳を見ながらメール等を確認。急な用件などで予定の変更がないかチェック。

PM0:30

昼休みにCHECK

食事中、あるいは食後に午後の仕事の段取りを確認する。

手帳の使い方において、初心者と上級者の大きな違いは、1日に何回手帳をチェックするかだ。上級者になればなるほど、毎日こまめに手帳を開き、何回も何回もチェックする。手帳はチェックすればするほど、その機能がアップし、自分の能力も高まることを知っているから、つねに手帳とミーティングをしているのだ。

チェックするときは、ただ眺めているわけではない。スケジュールやアポイントを確認し、次の戦略を練るためなのだ。また、自分がやるべきことをやっているか、

来週の打ち合わせ
2時でどうですか

業務中は、デスクの上に手帳を開いて置いておこう。

昼

PM1:50

外出前にCHECK

打ち合わせの内容を事前に確認し、資料などがそろっているかチェック。打ち合わせの後は内容を手帳に反映し、次回の予定を立てる。

PM3:30

業務中もつねにCHECK

作業が終了するたびにチェックし、進行具合を確認。状況に応じて作業の順序に変更があれば、2回でも3回でもこまめにチェックして、手帳に反映しておく。

夜

PM8:00

帰宅前にCHECK

仕事のやり残しがないかを確認。明日の予定を頭に入れ、準備すべきものがそろっているかもチェックする。

PM9:00

帰りの電車の中でCHECK

懸案事項があれば、帰りの電車の中でもチェックを。

PM10:45

寝る前にCHECK

明日の予定を再確認。週末の予定があれば、実行できそうかどうかも確認する。また、週間や月間の予定をチェックする時間にあててもよい。

自分自身をチェックするためでもある。

そして、自分が書き込んだ夢や目標を忘れないようにして、モチベーションを高めるためにも手帳を開いているのだ。

17

段取りが時間を増やす

予定を組み立てる時間をつくる

タイミング 1

年末年始

一年の計は元旦にあり。予定を立てるにはふさわしいとき。正月休みで時間もあり、手帳を切り替える時期でもある。古い手帳と見比べながら、新しい手帳に予定を書き込んでいく。

タイミング 2

月末や月初め

月初めにはその月の予定と段取りを立てる。月末にはその結果がわかるので、達成できなかった点や変更点をふまえ、次の月の予定を立てるときに必ず反映させる。

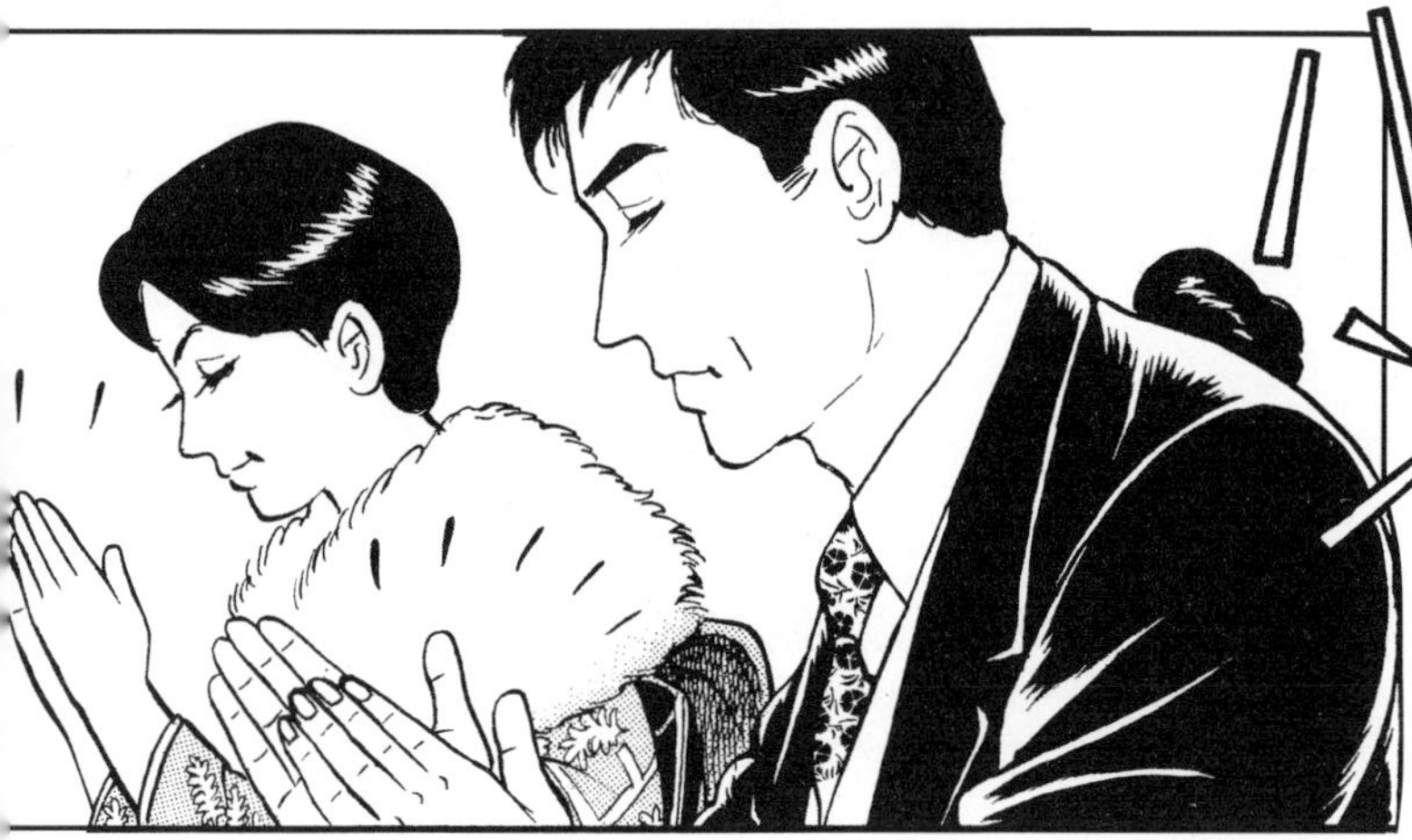

仕事が大きければ大きいほど、下準備や段取りのよさがものをいう。自分の夢や目標を達成するためにも同じことがいえる。

逆にいえば、段取りが悪いと、うまくいくものもダメになる。段取りがよければ仕事もスムーズに運び、時間のムダ遣いも減る。

そこでぜひとも実行したいのが、手帳を広げ、予定を組み立てる時間をきちんととることだ。

確かに、予定を立てるのは面倒な作業であり、予定は未定だからくるってくることもある。

しかし、そのときはそのときで

予定を組む手順

下は簡単な流れ。詳しくはP72〜77を参照。

1 やるべきこと、目標をリストアップ

仕事の予定や目標をリストアップしていく。何をするかがわかっていないと、予定の立てようがない。

2 優先順位をつける

どれから片づけていくのか、順番を決める。相手のあるアポイントなどは最優先とし、自分ひとりでやれることでも重要なものがあれば優先するように計画する。

3 スケジュール表に記入する

やるべきことと、優先順位が決まったら、手帳のスケジュール表に記入する。可能なら予備日も書き込んでおくと、予定変更に対応しやすくなる。

4 できなかったら、再度計画を立てる

達成できなかったときは、次の予定に必ず組み込む。あるいは、予定変更で優先順位が変動することもあるので、その際も全体の計画を見直しながら、予定を立て直す。

タイミング 3

週末や週の初め

週の初めにその週の予定を立てる。週末にはそれをチェックし、次の週の予定を立てる反省点にする。月末の週や仕事の締め日がある週は、ほかの週よりゆとりをもたせて予定を立てる。

タイミング 4

1日のおわり

前日の夜や当日の朝一番にその日の予定を立て、仕事のおわりか、1日のおわりにチェックする。やり残したことは、なるべく早い段階で消化できるように予定を組み直す。

タイミング 5

いつでも

予定を見直すタイミングは、多ければ多いほどよい。ちょっと時間が空いたときや、予定よりも事がスムーズに進んだとき、逆にかなり遅れているときにはこまめに予定を組み直す時間をとりたい。

再度、段取りを組み直す作業をすればいい。

コツは、段取りをするタイミングと、内容をいかに細部まで詰められるかだ。

最初は思ったようにできなくてもいい。何度も練り直すことで自分の長所や短所などが、見えるようになってくる。

18

自分が何をするかを書く

〝○○待ち〟のムダ時間をなくすには

書き方が
受け身
になっている

- Ａ部長に企画書のＯＫをもらう
- 25日までに資料を送ってもらう

上の書き方はすべて相手にゲタを預けるのと同じ。知らず知らずに受け身の姿勢になり、これが仕事の効率を悪くする。

自分が
やること
を書く

- Ａ部長に企画書を提出、プレゼンする
- 25日に届くよう資料を依頼する。25日に届いたか確認する

この書き方なら、自分がやるべきことがはっきりとわかる。自分主体で仕事を進めることができるので、時間のロスが少なくなり、効率もアップする。

仕事を進めるうえで、自分の意思ではどうにもならないことがある。クライアントや上司のＯＫがなければ、動けないというような案件だ。しかし、ややもすると、その自分ではどうにもならないことを手帳に書き並べているケースが多い。自分の意思では、どうにもならないのにだ。

こうした「○○待ち」のスケジュールをわざわざ手帳に書いてはいけない。待つというのは受け身になっていることだ。書くとすれば「○○に返事を聞く」と書くべきである。さらにランクアップを

では、来週までに各営業所の報告書をまとめます
主体的な書き方
・全営業所へ、報告書提出を依頼する
・提出状況を確認し、遅れている営業所へ催促する
・すべての報告書がそろったか確認する
受け身の書き方
・全営業所から報告書を送ってもらう

望むなら、待っている時間に何をすべきかを書く。そのほうが数倍自分のためになる。

　自分の手帳には、あくまで自分がすべきこと、自分の視点でやるべきことを書く。そうすれば、時間のムダ遣いはぐんと減るはずだ。

COLUMN

仕事上手は休み上手

　1時間集中して企画を立てて15分休憩する、長い会議の後にお茶を飲んで休む、プロジェクトの追い込みで1週間目一杯働いた後、夏休みをとる、仕事のできる人は、休みのとり方も上手なものだ。

　手帳を見直して、自分のオンとオフをうまく組み合わせて予定を組むようにしたい。

19

移動中の正しい手帳作法を身につけて

車内を自分の書斎にする

外出先で手帳を活用する

情報を集め、記入する
街中や電車の中吊り、タクシーの運転手との会話などで、気になるもの、キーワードを見つけたら、手帳にメモする。カメラ付き携帯電話で撮影しておくのもよい。

頭に必要事項をインプットする
スケジュール帳を見て次の予定を確認したり、打ち合わせメモなどを見直して、情報を頭にインプット。クライアントや営業先に出向く前に、会話がスムーズに進むよう準備する。

思索にふける、段取りを考える
企画を練ったり、仕事の段取りを考える時間にあてる。手帳にある段取りやスケジュールと見比べて、現在の進捗状況や手順を確認する。

マナーを守る
手帳を広げて集中するのはよいが、マナーは守るべき。仕事だからといって、電車内にもかかわらず携帯電話で話したり、優先席を占拠するようなマネはしない。

営業のように外回り中心の仕事の人も、出張が多い人もいる。外出先でも携帯電話に仕事の電話がかかってくる。こうなると、デスクにいなくても仕事ができる習慣を身につけないとやっていけない。

それを助けるのが手帳だ。手帳さえ開けば、緊急の仕事の電話にも対応できるし、移動中の車内や外出時のふいに空いた時間も有効活用できるようにするのだ。

そうすればいつでもどこでも、手帳を開くことで、そこを自分のデスクにして仕事に集中できる。仕事の質も効率もアップする。

外出先で役立つアイテム

メモ
手帳に書ききれないときや、とっさのときにすぐに書き込めるように準備しておく。ペンとセットにしておいたほうがよい。

携帯電話
マナーモードにして上着の胸ポケットに入れておくと着信に気づきやすい。置き忘れ防止のためにも入れる場所を決めておく。

手帳
上着のポケットでも鞄の中でもよいが、すぐに取り出せるところにしまっておく。ペンとセットにしてサッと書き込める態勢を。

ノートやパソコン
出張などで長時間の移動があるときは、パソコンがあると便利。バッテリーの充電やネットの接続キットも忘れずに。また、紙のノートも意外に利用価値がある。

20

手帳でリスクマネジメント

個人情報の流出を防ぎつつ

いざというときの緊急連絡先

家族の連絡先

- □ 夫、妻の勤務先、所属、上司の名前
- □ こどもの学校、担任の名前
- □ 夫、妻の実家
- □ 家族の携帯電話

携帯電話が電池切れのとき、携帯電話をなくしたときに備えて、最低限の連絡先は記入しておきたい。ただし、大切な個人情報になるため、自分以外の人には、わかりにくい書き方にしたほうがいい。

さらに

- □ クレジットカード会社
- □ 金融機関
- □ 電話会社
- □ 保険会社

財布やカード類、携帯電話等を紛失したときのために、各会社の緊急連絡先を控えておきたい。

携帯電話を持つのが当たり前の昨今、家族との連絡はいつでもとれると思っているかもしれない。

しかし、持っている本人がケガをしたり、急病にたおれたときは携帯電話を持っていたとしても役には立たない。携帯電話を紛失したり、データが消えてしまうこともある。

家族のもしもに備えるには、上に挙げたような情報を手帳に書き留めておくことが大事だ。

ところで、手帳にクレジットカードや銀行口座、免許証の番号を書いている人がいる。なかには暗

どこが悪いのかな?
ボンネッ あけて 下さい

車の調子が悪いとき、事故にあったときのために、販売会社や自動車保険会社の連絡先なども手帳に記入しておきたい。

証番号まで書いている強者もいるが、これは言語道断。すぐにやめるべきだ。お金に関係する情報は極力書いてはならない。書いておくとすれば、紛失や盗難にあったときに届け出る、カード会社や銀行の電話番号だけにしておこう。

COLUMN

秘密の番号には自分でカギをかける

　最近ではあらゆるものに暗証番号がある。銀行のキャッシュカードやクレジットカード以外にも、パソコンや携帯電話をロックするときにも暗証番号が必要だ。そのせいか、暗証番号が多すぎてどの番号にしたのか、わからなくなった経験がある人もいるだろう。

　しかし、手帳などに番号をそのまま書いておくのは危険だ。もし、暗証番号を書いておくなら、自己流でかまわないから暗号化しておこう。自分だけにしかわからない情報でカギをかけるのだ。面倒かもしれないが、手を打っておかないと、後で困るのは自分だ。

備えあれば憂いなし。バックアップを用意する

なくなっても困らないようにしておく

デジタルデータにする
パソコンやPDAと連動しているものは、MOやフロッピーディスクなどに保存しておく。紙の手帳ならスキャナーにかけてPDF化しておき、デジタルデータにしておく方法もある。

コピーをとる
いちばん簡単で手っとり早い。一定期間おきに、コピーをとる習慣をつける。スケジュール表や住所録、商談メモ、議事録など、自分が重要と思うものを選んでコピーしておく。

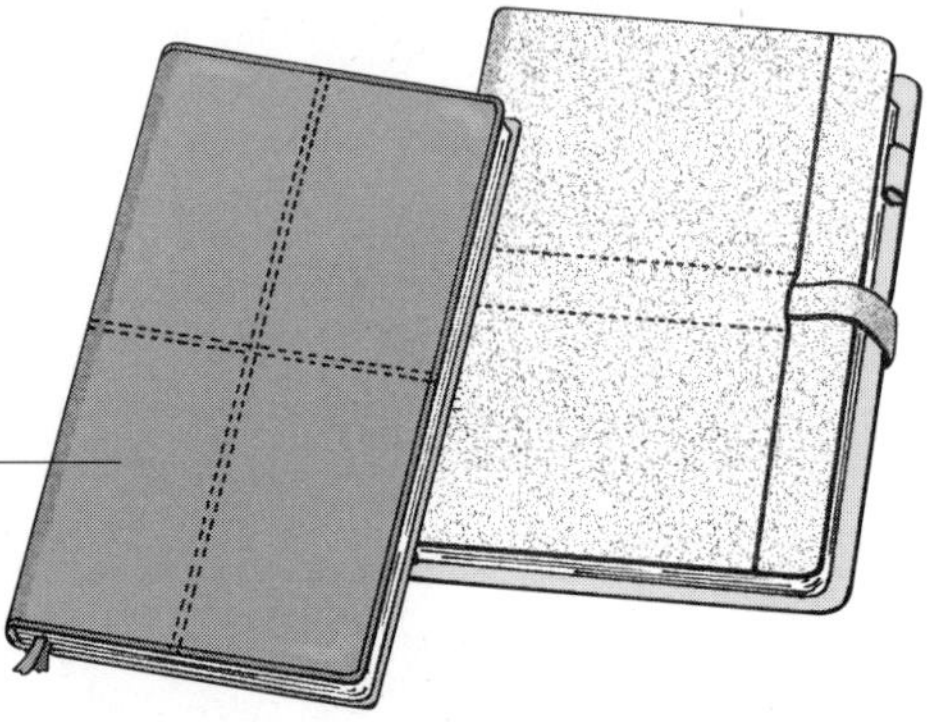

2冊以上を使い分ける
メインとする手帳を決め、それ以外に予備の手帳を用意しておく。メインの手帳と同じように書き込む必要はないが、最低限の情報を書き込んでおけば、代替要員として使える。

パソコンなどのデータは、相手が機械だけに故障したり、データが壊れる危険があると予測できるため、バックアップするだろう。

ところが、紙の手帳となると、バックアップをしていないことがほとんど。しかし、今後の予定、目標、過去の記録、住所録など、さまざまな情報が書き込まれている手帳がなくなったら、約束を片っ端からすっぽかして信用をなくし、仕事に支障をきたすのは確実。

コピーをとるなり、予備の手帳を備えておくぐらいの危機管理はやってしかるべきだ。

万一紛失したときのために

金目のものは入れない

現金やカード類など金目のものは手帳に入れないようにする。

連絡先を書いておく

戻ってくる可能性に賭けるなら、連絡先のメールアドレスや謝礼について一筆書いたメモを貼付しておくとよい。

※拾われるにしても、相手がどんな人かはわからない。連絡先に、住所、名前、電話番号などを明記するのは、ちょっとまずいだろう。フリーメール程度にしておくのが無難だ。

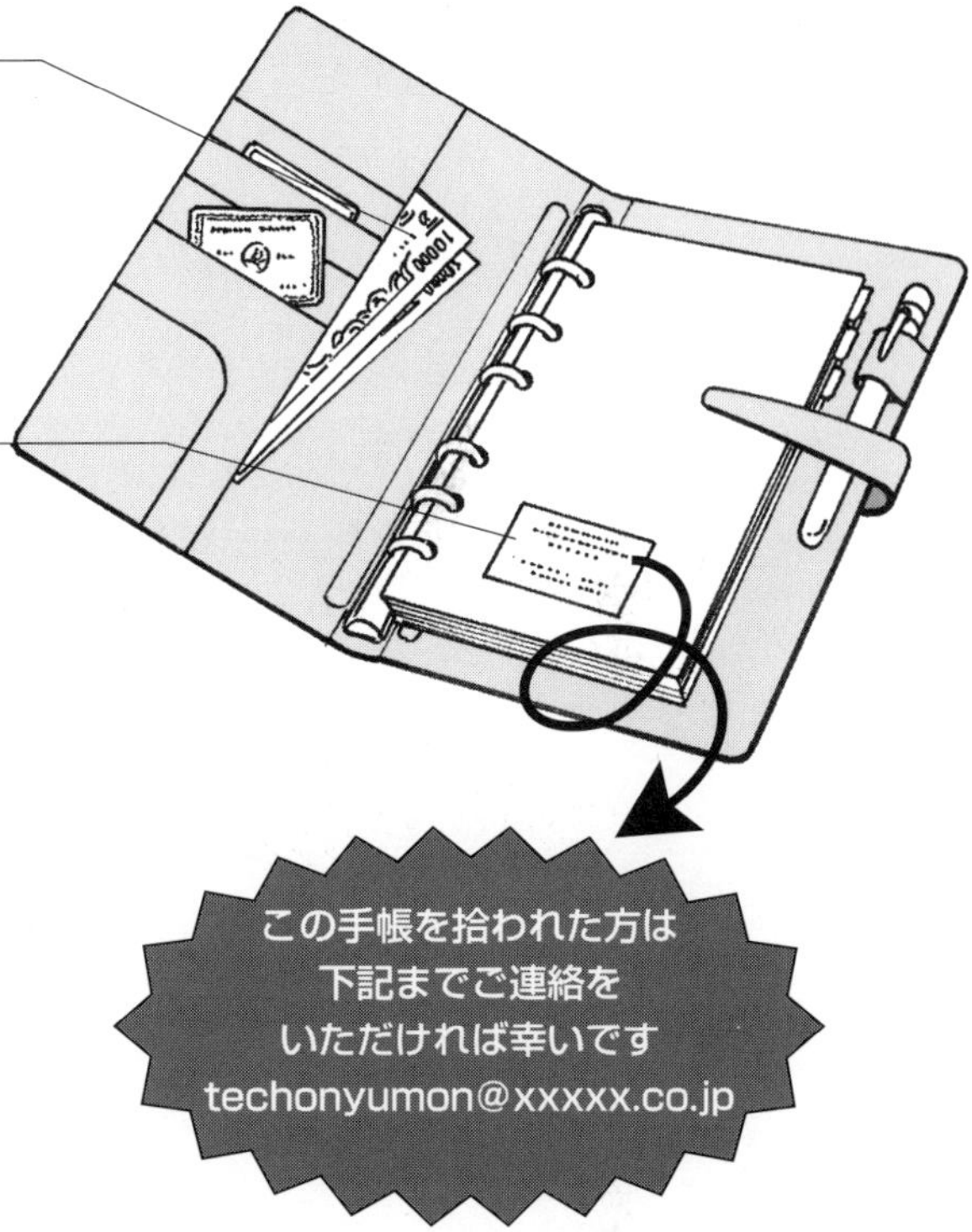
この手帳を拾われた方は
下記までご連絡を
いただければ幸いです
techonyumon@xxxxx.co.jp

COLUMN

念には念を入れたいデジタルツールのバックアップ

パソコンやＰＤＡ、携帯電話などのデジタルツールを使う場合、バックアップは万全だろうか。

データを保存する場合、本体のハードディスクだけでは不十分だ。本体が壊れたらバックアップの意味がない。ＭＯやフロッピーディスクなどを使って外部にデータを取り出しておこう。

携帯電話もパソコンソフトを使えば、データの保存が可能だ。携帯電話の販売ショップによっては、携帯電話のデータをフロッピーディスクに保存するサービスを行なっているところもあるので利用したい。

デジタル機器は便利だが、予期せぬ故障も多い。機械に振り回されないために手を打っておこう。

22

去年の手帳から今年の手帳に切り替える

バトンはスムーズに渡したい

手帳を切り替えるタイミング

10月　11月　12月

10月　手帳売り始め

たくさんの種類の手帳が並ぶ。じっくり選ぶには、売り場が混雑しない早い時期がよい。人気商品はこの段階で入手したい。

早めに移行する
年末年始が休みでない人や、忙しい人は11月中から徐々に切り替える準備を始める。12月に入ったら、新しい手帳を使い始めよう。

移行のポイント

前年の手帳から転記する
個人情報や記念日を書き写したり、住所録を差し替える。このとき、住所変更がなかったかどうかチェックする。

　毎年、秋になると翌年の手帳が店頭に出始める。手帳の買い替えシーズンの到来だ。引き続き同じ手帳を使いたい人も、違うタイプの手帳に買い替えたい人も、この頃から準備を始めたい。

　同じタイプの手帳を購入するなら、なるべく早く入手する。特に、人気のシリーズは売れ行きが早く、すぐに売り切れてしまう。デパートを何件もはしごしたり、泣く泣く別の手帳を買うハメになる。

　システム手帳のリフィールも同様だ。予備も含めて多めに購入したいなら、早めに手に入れておく

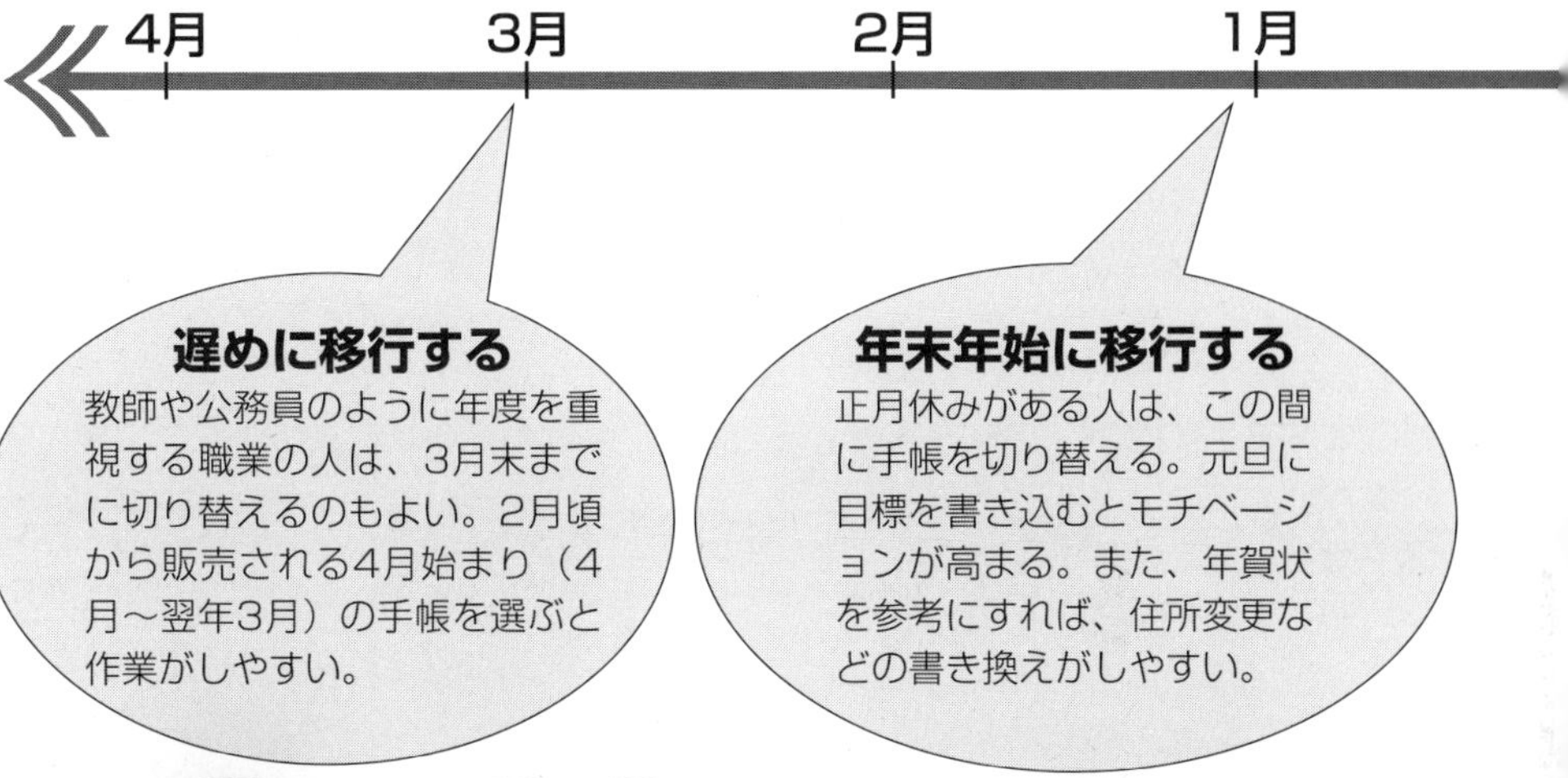
4月
3月
2月
1月
遅めに移行する
教師や公務員のように年度を重視する職業の人は、3月末までに切り替えるのもよい。2月頃から販売される4月始まり（4月～翌年3月）の手帳を選ぶと作業がしやすい。
年末年始に移行する
正月休みがある人は、この間に手帳を切り替える。元旦に目標を書き込むとモチベーションが高まる。また、年賀状を参考にすれば、住所変更などの書き換えがしやすい。

日付が入っていないフリーの手帳ならいつでも　自由に切り替えられます

移行のポイント

決まっている予定を書く

年間行事や決算期など、明らかになっている予定を書き込む。同時に、目標達成のためのスケジュールづくりを行なう。

べきだ。

違うタイプの手帳、リフィールを選びたい人はもっとたいへんだ。まず、どんな手帳が欲しいのか、自分できちんと整理してメモをつくっておかないと、売り場でもみくちゃにされながら悩むことになる。しかも、いいものは早く売り切れる。ぐずぐずしていると、残り物から選ぶことになる。

入手時期のリミットは、手帳の切り替え作業をいつまでにやるかによって決まる。12月中から新しい手帳を使うのか、新年から切り替えるのかで違う。

新しい手帳を入手したら、前の手帳から情報を移す。この作業をすることで、新しい手帳がようやく自分のものとなるのだ。

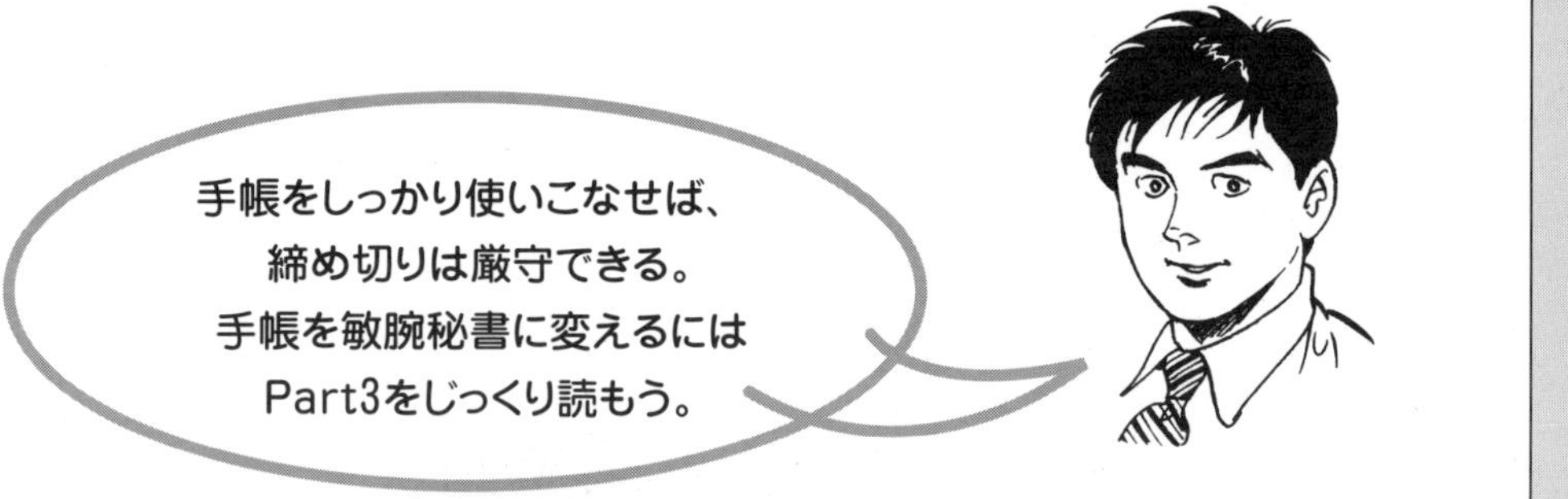
手帳をしっかり使いこなせば、
締め切りは厳守できる。
手帳を敏腕秘書に変えるには
Part3をじっくり読もう。

ええと　去年と一昨年の
10月の出荷数は
いくつだったかな……
おっ　あった
やっぱり年々
減っているのか

●まわりの人に聞いてみました

「使いおわった手帳はとってある?」

「すべてとってある」人は答えてくれた人の約4割。しかし、「過去の思い出に浸る」くらいで、昔の手帳の活用度は低い。

↓

使いおわった手帳も、大いに仕事に役立つ。宝の持ち腐れにならないようＰ94～99へ。

Part 3

手帳は日々の仕事のモレ・遅れをなくす

23

やることに順番をつけて

忙しくて不安な気持ちから解放される

仕事が忙しく立て込んでくると、気ばかり急いてしまうもの。なんだかよくわからないが、やるべきことが山積みで予定が立てられない状況は、かなりツライ。

しかし、焦って事に取り組むとロクなことにならない。仕事は下準備と段取りが肝心だ。土台がしっかりしていれば、心配事は減る。では、心安らかに、効率的に仕事を進めるために、手帳を使った実践的な方法を紹介しよう。

まず、自分が本当に忙しいのか、どの程度忙しいのかを把握することから始めよう。36ページで述べ

1 やることをリストアップ

自分がやることを思いつくかぎり書き出す。新しい仕事が入ったら、すぐに追加する。プライベートな用事であっても気にせず、どんどんリストアップする。

- 企画書作成
- F工場見学
- 会議資料をそろえる
- A氏と打ち合わせ
- バースディプレゼントを買う
- ジョギング
- セミナーに参加
- B社書類整理

スケジュールから発生するTo Doも忘れずに

週単位、月単位でスケジュール帳を見て、事前の準備が必要な予定がないか確認する。会議やアポイントで必要な企画書や書類があれば、その作成もやるべき(To Do)こと。結婚記念日にプレゼントの用意をすることもやるべきことである。

2 リストを検証し、所要時間を決める

やることをリストアップしたら、どんなことをやるのか、所要時間はどのくらい必要なのか、整理する。セミナーや勉強会などは回数も確認する。この段階で仕事の分量や内容を把握しておく。

MEMO

企画書作成	1時間
F工場見学	6日10:00～12:00
会議資料をそろえる	来週まで
A氏と打ち合わせ	1時間
バースデイプレゼントを買う	明日まで
ジョギング	毎日
セミナーに参加	毎週土曜（全24回）
B社書類整理	30分

どれぐらいの時間が必要？
書類の作成にかかる時間や、打ち合わせやアポイントに必要な時間など、ある程度の見込みを立てておく。

締め切りは？
いつまでにおわらせる必要があるのか、締切日を決める。

一度にできるか？
複数回のセミナーや作業量が多い仕事など、一度ですまないこともある。何回に分けてやることなのか、予定回数を決める。

時間が決まっている場合もある
毎朝のジョギング、毎週金曜夜のセミナーなど、日時や回数が固定したやるべきこともある。

たように、やるべきことをすべて手帳に書き出してみる。これがいわゆるTo Do（やること）リスト。

そして、書き出した項目それぞれの所要時間や締め切りをチェックし、こなしていく順番を決める。プライオリティ（優先順位）をつけていくのだ。

次に、この順番に応じて、スケジュール帳に落とし込んでいく。あとはこれにしたがって実行するのみだ。片づいたものは随時チェックする。もし、できなかったものや変更点があれば、そのつどTo Doリストに戻り、スケジュールを訂正していけばいい。

一見面倒に思えるが、焦って進めるほうが後々面倒なことになることを肝に銘じておこう。

3 やることに順番をつける

やるべきこと（To　Do）と所要時間を出したら、片づける順番を決める。順位の高いものから◎、○、△としたり、1,2,3と番号をふったりアルファベットをつけてもよい。優先順位を決めるポイントは、緊急度と重要度。たとえば、緊急かつ重要な仕事か、重要だがまだ締め切りに余裕がある仕事かで優先順位を決める。

重要度と緊急度で優先順位を決める！

●重要度

大きな案件やクレーム処理、事故などは重要度が高い。また、急ぎではなくても自己啓発やネットワークづくりなども重要だ。逆に、飲み会や接待は相手によって重要度が違う。見極めが大事。

●緊急度

締め切りが今日中～翌日のものは緊急度が高い。突発的な事故やケガ、災害、葬儀や通夜のように突然発生する緊急度の高い項目もある。1週間以内に処理すればいいものなどは緊急度は低めになる。ただし、緊急でなくても、重要度の高いものは優先順位を繰り上げたほうがよい。

優先順位　上　◎

（絶対にやること）

重要度、緊急度ともに高く最優先にやる必要があるもの。さらに、部下や同僚に仕事を振るなど、他人任せにできないこと。

優先順位　中　○

（やっておくべきこと）

重要度、緊急度が中等度で、自分がやるべきこと。他人任せにはできないが、比較的時間に余裕があるもの。

優先順位　下　△

（できればやっておくこと）

重要度、緊急度ともに低めで先送りが可能なもの。仕事としては、部下や同僚に振り分けることも可能なもの。

MEMO

◎	企画書作成	1時間
○	F工場見学	6日10:00～12:00
△	会議資料をそろえる	来週まで
○	A氏と打ち合わせ	1時間
◎	バースディプレゼントを買う	明日まで
○	ジョギング	毎日
○	セミナーに参加	毎週土曜（全24回）
△	B社書類整理	30分

4 やることを2stepで予定表に落とす

To Doリストができたら、それをスケジュール表に落とし込んでいく。まず、アポイントのように日時がはっきりしているものをその日時に書き込む。ついで、優先順位の高いものからスケジュールに入れていく。スキマ時間でやるつもりのものは、スケジュール表に入れずに、リストのままでもよい。

step 1

日時の決まっている予定を書き込む

会議やアポイントなどをまず書き込んでいく。

10
F工場見学
11
12
10
11
12
10
11
12

あれが新型機です

step 2

優先順位の高いものから予定を組む

1の作業後、空いている日時に、優先順位が上の項目（緊急度・重要度が高いもの）から落とし込む。

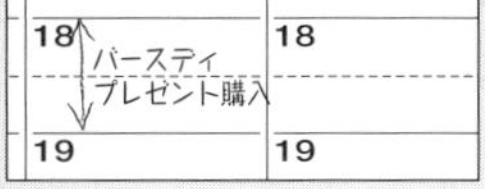

18
バースディプレゼント購入
19
18
19

サイズがぴったり合うといいんだが……

何か忘れているような気がするんだけど
お！あったあった

手帳を開くたびに、To Doリストをチェックする習慣をつけよう。やり残していたことや、先送りにしてそのままになっていたことを、モレなくこなすことができる。

5 予定をこなしたらチェック

ひとつやりおえるたびにTo Do（やること）リストをチェックしていく。やり残しや順番を飛ばしていないかが確認でき、進行具合も把握できる。

なにより、やりおえたという達成感が得られることが大きい。

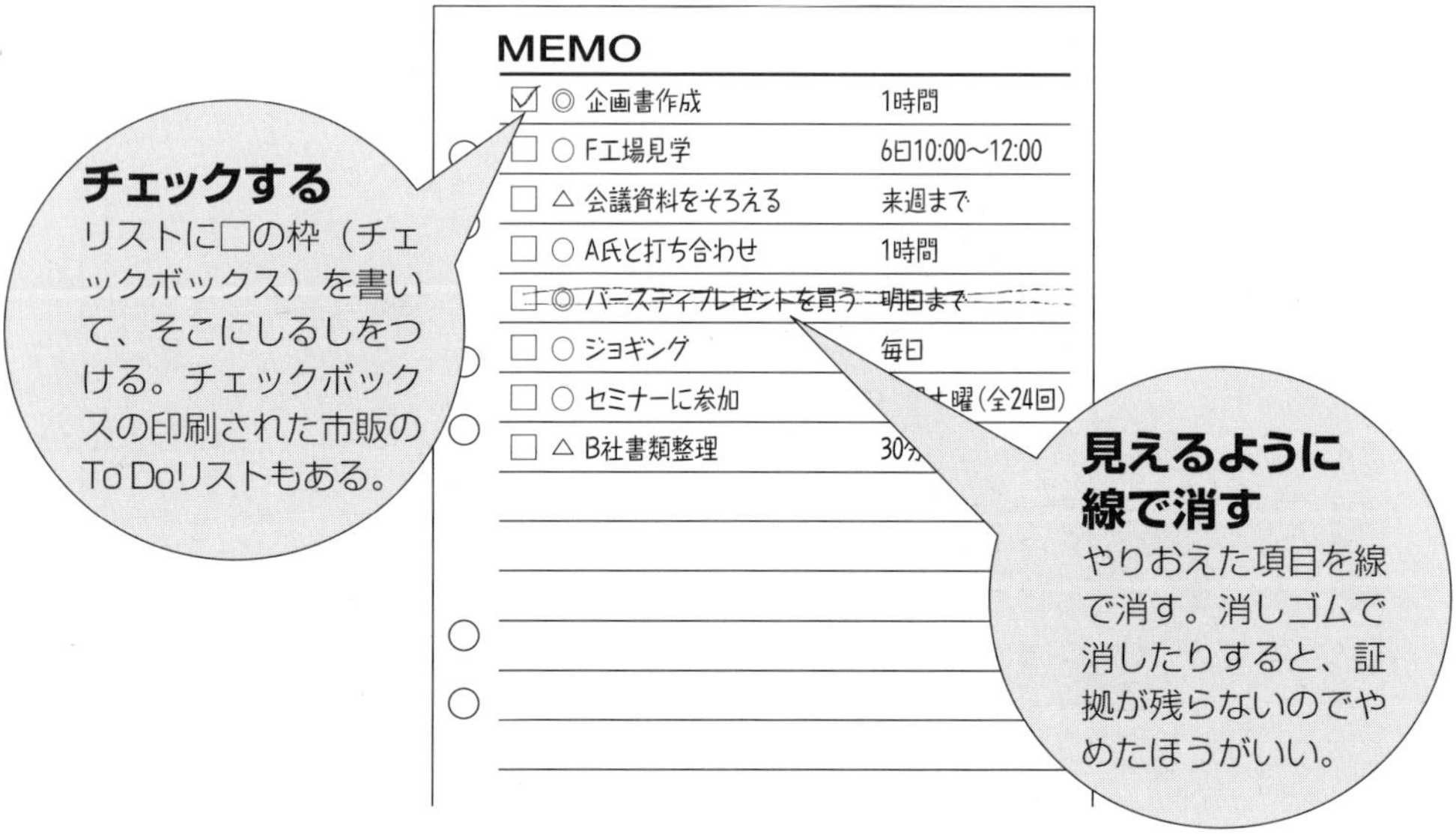
MEMO
☑ ◎ 企画書作成 1時間
□ ○ F工場見学 6日10:00～12:00
□ △ 会議資料をそろえる 来週まで
□ ○ A氏と打ち合わせ 1時間
□ ◎ バースディプレゼントを買う 明日まで
□ ○ ジョギング 毎日
□ ○ セミナーに参加 土曜(全24回)
□ △ B社書類整理 30
チェックする
リストに□の枠（チェックボックス）を書いて、そこにしるしをつける。チェックボックスの印刷された市販のTo Doリストもある。
見えるように線で消す
やりおえた項目を線で消す。消しゴムで消したりすると、証拠が残らないのでやめたほうがいい。

計画通りにできなかったら

6 もう一度予定表に落とす

予定変更になったり、計画通りに実行できなかったときは、すぐにスケジュール表を見ながら予定を組み直す。なるべく早い空いている日時に落とし込んだほうがよい。

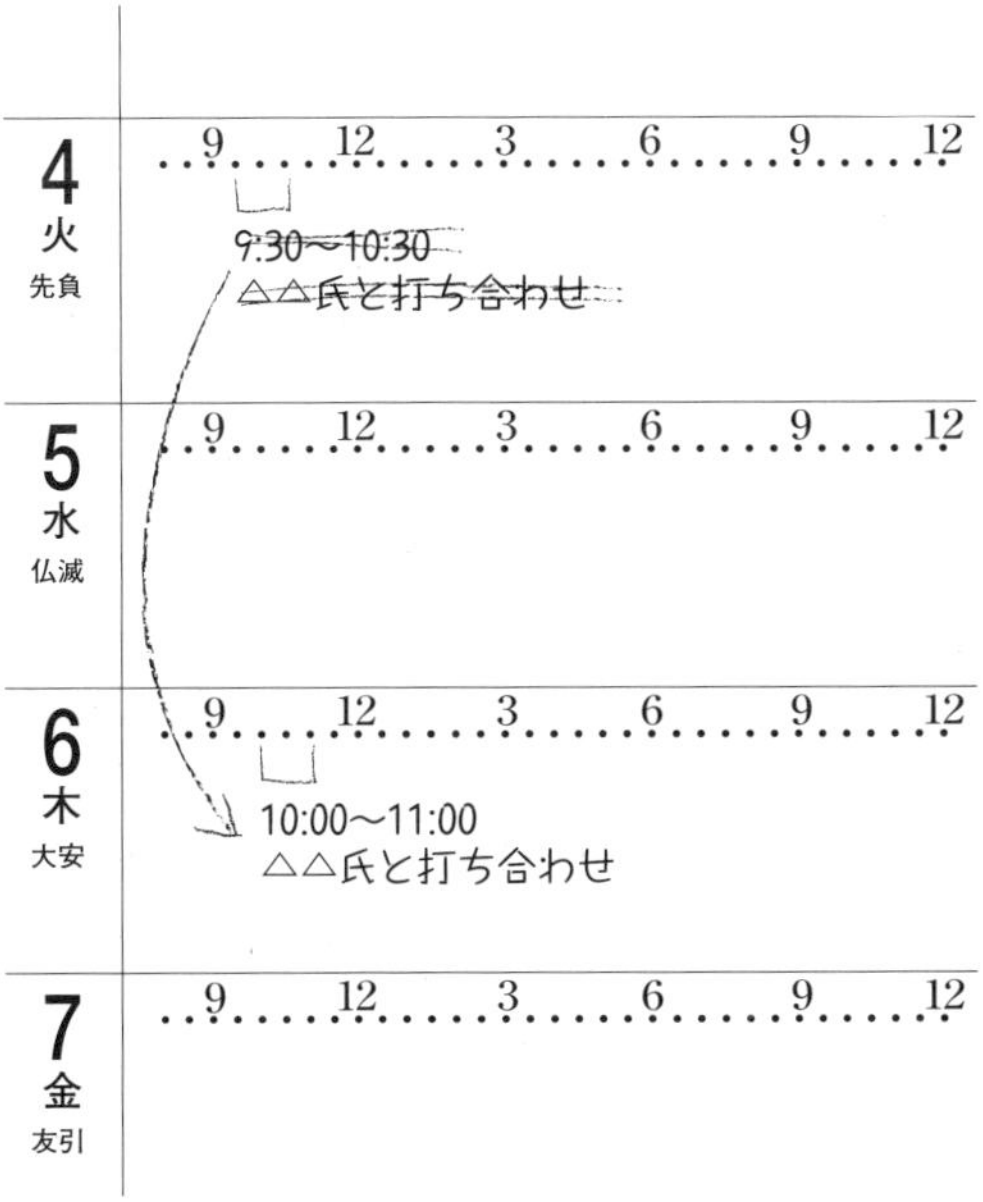

切り口を変える

企画書やプレゼン用の書類の作成など、アイデアを出すものは、どうしても予定通りうまくまとまらないことがある。

それがネックになってスケジュール通りにできないときは、切り口を変えたり、アプローチ法から変えてみる。

また、こうしたアイデア勝負のような仕事は、スケジュールに余裕をもって取り組むようにしたい。

「モレをなくす」にはTo Doリストが便利

To Doリストの使い方は、やることを書き込むだけではない。メモ代わりに気になることを書き込んでおけば、アイデアのヒントになることもある。キーワードを書いておき、後で時間が空いたときに見返して、調べる習慣をつけるのだ。

今はインターネットの検索エンジンという便利なものがある。ひとつのキーワードだけでも何らかの情報を得ることが可能だ。たとえば、クライアントとの雑談で聞いた単語や、店の名前、作家の名前、パソコンソフトなど、何でもかまわない。To Doリストは頻繁に目にするだけに、そこにメモしておけばいやでも目に入る。見落とす確率もぐんと減るはずだ。

24

急な仕事をコントロールする

せっぱつまったときに本性があらわれる

急な仕事が発生したら……

中沢だ
今すぐ本社まで
B案資料をすべて
持ってきてくれ

まずは…… 手帳を取り出して、緊急の仕事と、今している仕事、この後の予定を確認し、何を優先すべきか検討する。

緊急の仕事を

優先できない（かもしれない）
仕事の手が離せないときや、後に重要な予定が入っている場合は、現状を説明する。優先順位の判断がつかなければ相談する。

優先する
今している仕事を先送りできたり、後の予定が空いているなら、優先順位を変えて、急ぎの仕事にとりかかる。

組織で仕事をしていると、思い通りに事が進むほうがめずらしい。たいてい横やりが入る。上司から「あの件はどうなった？」とか「これを先にやってくれ」と、こちらの都合などおかまいなしに新たな用件を頼まれる。

　こんなときどう対処するか。上司の命令とあらばやむを得ないと、スケジュールを変更することが多いが、それではダメだ。こういうときこそ手帳が役立つ。

　まず、急な仕事を頼まれたら、とりあえず「はい」と返事をする。その後が勝負だ。頼まれた仕事の

優先順位の変更が多い人は

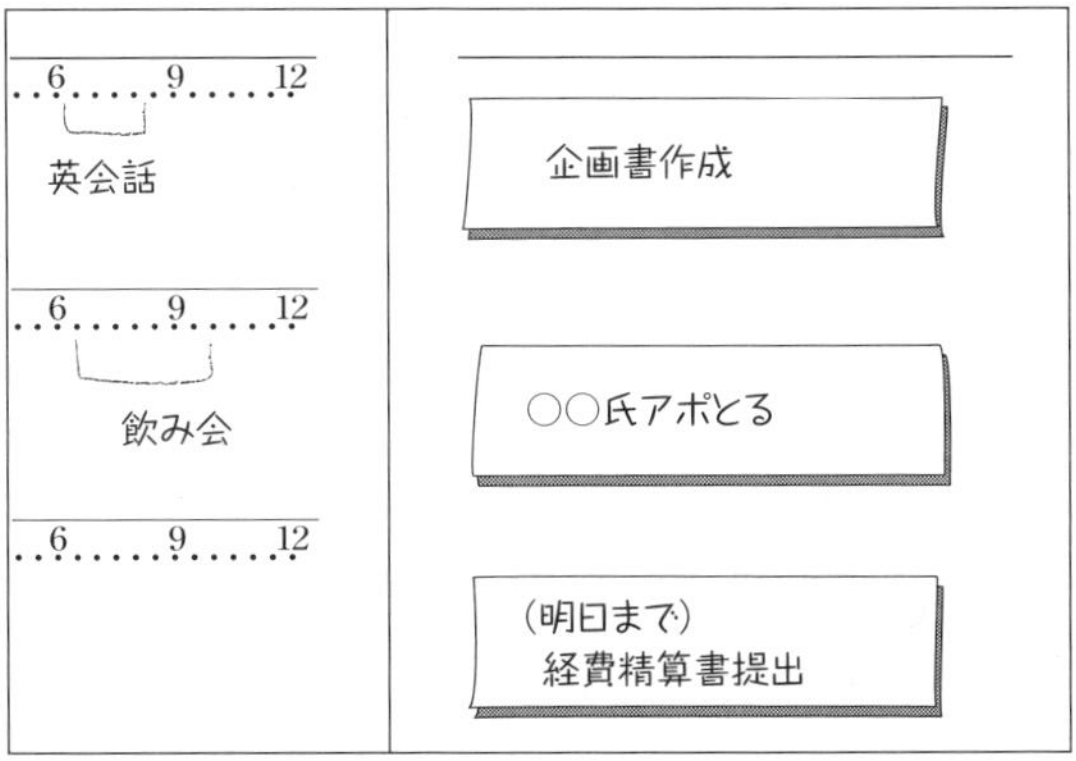

ふせんでTo Doリストをつくると便利

用件を1枚に1件書き込み、手帳に優先順に貼っておく。急な用件が入ったらふせんに書き込み、ふせんを並べ替えて貼ればよい。

人に振り分けることも考える

急な用件が入ると、自分だけでは処理できないこともある。そんなときは同僚や部下に振り分けても大丈夫な仕事は任せてしまう。後でチェックだけすればいいようにしておけば、仕事をパンクさせる心配がない。部下に仕事を覚えさせることもできる。自分ひとりで抱え込まないことだ。

重要度と緊急度を、上司と相談しながら、検討するのだ。そしてTo Doリストに加えて予定を組み直す。ポイントは焦らず、冷静に処理することだ。緊急時の対応にこそ、自分の本性があらわれることを忘れてはならない。

入れ替えはデジタルツールの得意分野

パソコンやPDAでTo Doリストを作成している場合、順番の入れ替えや移動はお手のものだ。

デジタル機器には、スケジュール帳の1ヵ所を書き換えれば、月間、週間のスケジュールなどが連動して書き換えられるものもあり、モレがない。

ただし、書き換えた証拠が残らないので、心配なときは変更する前にプリントアウトしておくと安心だ。

25 自分の能力・作業時間を把握する

経験をもとに、予定を組む

会議の特徴を予測
ほぼ時間通りにおわる会議か、予定をオーバーしそうかは経験でわかる。出席者の顔ぶれを見て、長引きそうなときは多めに時間を割いておく。

作業時間を予測
報告書や見積書、企画書などのデスクワークはこれまでの経験でおおよその時間が読めるはず。逆に、初めての作業には、予備の時間をとっておく。

移動時間も予定に入れる
外出先では予想外のことが起こる可能性が高い。交通機関の乱れやアクシデントに備え、余裕をもったスケジュールを。複数のアポイントがあり出先から出先へと移動するときは特に注意を。

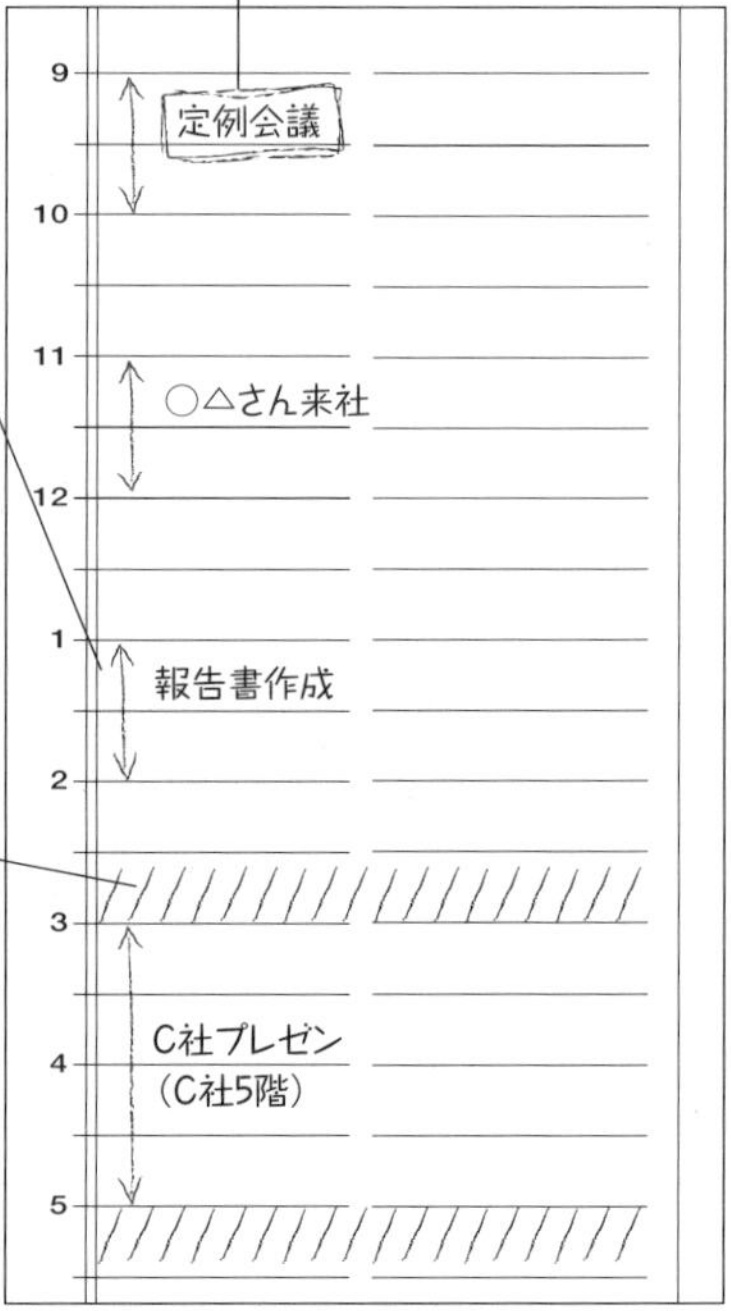
9
定例会議
10
11
○△さん来社
12
1
報告書作成
2
3
C社プレゼン
(C社5階)
4
5

スケジュールを立てるとき、冷静に考えなければならないのが、その用件を片づけるために要する時間だ。所要時間の計算が適切でないと、スケジュールを予定通りにこなすことが不可能になり、頻繁に予定を変更することになる。もちろん、読みがはずれることはあるが、ある程度の見込みがないと、ぐずぐずにくずれてしまう。

たとえば、会議でも予定通り終わるものと、どちらかといえばいつも予定の時間をオーバーするものがある。読みが甘いと、後の予定がくるうのは必須だ。

安易な予測はしない

では、この書類をできるだけ早く提出してもらいたいのですが……。どのくらいかかりますか?

自分の処理能力を把握していないB氏

「明日中にお持ちします」

どうしよう
ああ
もうだめだ
間に合わない

書類の作成時間を2時間ぐらいだろうと見切り発車したものの、夜になってもおわらない。そのうえ、書類をチェックする上司は出張中。
間に合いそうにないと気づいた時点で相手に連絡する、上司や先輩に相談する等の対策を。

自分の処理能力を把握しているA氏

「2日あれば、提出できます」

A氏の予定では……

書類を作成（3時間）
↓
上司に提出、チェック（1日）
↓
手直し（30分）
↓
完成

書類を作成する時間、関係者のチェック時間、直しの時間までをあらかじめ見据えておく。早く仕上がれば、早く届ければいいのだ。

失敗から教訓を得る!

予定通りに事が運ばず、締め切りに間に合わなかったり、ぎりぎりで周りの手を借りて事無きを得たという経験はだれにでもある。経験が浅いうちは、自分の実力がわからず、そういう失敗をするものだ。
要は、その失敗から何を学ぶかだ。一度痛い目にあったら、原因を反省してスケジュールを立て、失敗を繰り返さないようにすればいい。

書類や企画書を作成するときも同じだ。だいたいどれぐらいの時間があればおわるのか、自分の能力や作業時間を見極めないと、毎回のように予定変更になる。時間のムダ遣いを防ぐには、なりゆき任せで予定を組むのは論外だ。

26

締め切り間際のパワーをあてにするな

ゴールを細かく設定する

▌"地道にコツコツ"が成功への近道▐

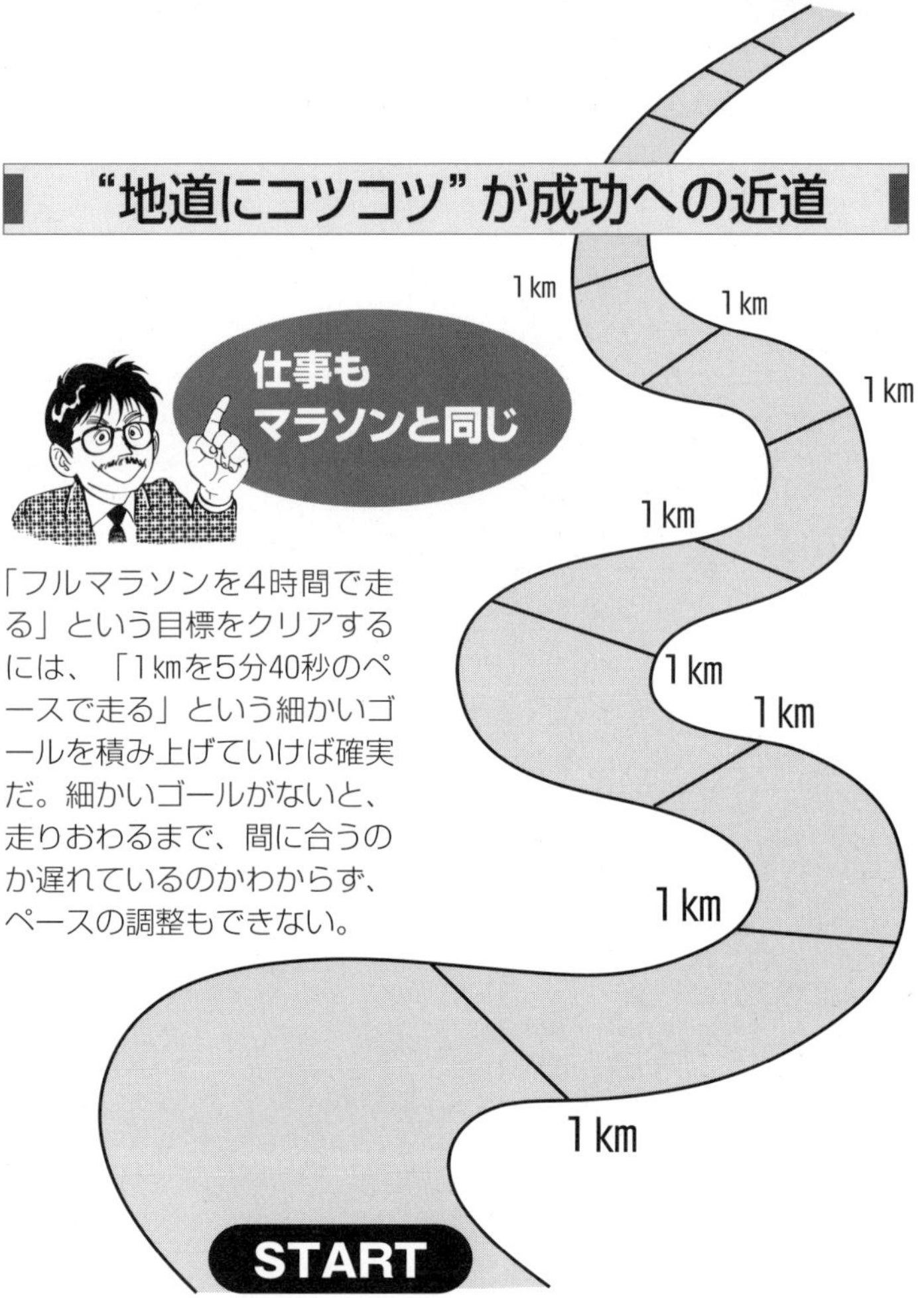

「フルマラソンを4時間で走る」という目標をクリアするには、「1㎞を5分40秒のペースで走る」という細かいゴールを積み上げていけば確実だ。細かいゴールがないと、走りおわるまで、間に合うのか遅れているのかわからず、ペースの調整もできない。

火事場の馬鹿力で、締め切りギリギリに仕事を片づけたことがある人は多いだろう。こういうラストスパートがうまい人もいる。

しかし、経験が浅いうちはこの馬鹿力を期待してはいけない。自分の力を把握できていないうちは、ただの賭けにすぎない。そんなギャンブルに給料をもらっている仕事を持ち込んだり、自分の夢や目標をかけるのは愚かだ。

しかも、その計画性のなさなら、ハナから手帳などいらない。

仕事でも、自分の目標でも、達成したいなら段階を踏み、ステッ

マラソンに挑戦するとき、初心者がいきなりフルマラソンに参加するのは無謀だ。ジョギングから始めて、10キロマラソン、ハーフマラソン、と徐々にレベルアップしていくといい。

プアップ方式をとったほうが確実で、成果も上がる。締め切りやゴールは細かく設けて、それを積み上げるのだ。１年先の締め切り、今月の締め切り、今週の締め切りと細かく区切って達成していくようにする。

締め切りをこっそり前倒しする

どんな仕事にも締め切りはある。とはいえ、締め切りに追われるとそれだけで１日がおわってしまう。目標をかなえる時間をひねり出すには、自分なりの締め切りを設けるとよい。

実際の締切日より前倒しで締め切りを設定し、それを守る。余裕をもって進めれば、アクシデントがあってもリカバリーする時間がもてる。運よく事が進めば、余った時間は自分のために使えばいいのだ。

27

頑張り屋を襲う「燃えつき症候群」から身を守る

スケジュールに余裕をもたせる

こんなことはよく起こる

ハプニング
交通機関の乱れで約束の時間に間に合わない、急な予定変更で時間が前倒しになることも。

予定がずれる
相手があるアポイントは先方の都合で変更になったり、キャンセルになることがある。

上司に呼ばれる
忙しいときにかぎってよくある。ランチのときもあれば、夕方飲みに誘われることも。

会議が長引く
会議や打ち合わせは開始が遅れることも。予定の時間をオーバーすることもよくある。

電話が入る
出かける間際にかぎって、長話になりそうな相手から電話が入る。

仕事が残ってしまう

ストレスに!

スケジュールを組み立てて管理するのは、なにも仕事をスムーズに進めるためだけではない。自分の身を守るためでもある。

何度もいうが、予定はあくまで未定だし、おかまいなしに横やりが入るのは当たり前だ。一分の隙もないカツカツのスケジュールを立てると、急な変更に対応しにくい。そのうえ、必死にこなさないとおわらない。こんな状態が続くと、やがて心身ともにストレスだらけになって、燃えつきてしまう。

ピンと張りつめた糸は切れやすい。車のハンドルも遊びがないと

タイムマネジメントのポイント

わかった　じゃあ
1時間後に会おう

「相手の都合で予定がくるう」をストップ

その1
あらかじめ予定の変更を予想して計画を立てる

その2
予定をオーバーしそうなときは、さりげなく次の予定があることを伝える

その3
急な誘いには、「のちほど伺います」

相手がいる場合は、余裕のある予定を立てるのが大前提だ。それでも予定がくるう場合、多少融通の利く相手であったり、状況次第では、その2やその3のような方法もある。

「自分の都合で予定がくるう」をストップ

その1　自分の処理能力を正確に把握する
その2　こまめに予定の消化状況を確認する
その3　予定と予定の間を空ける

COLUMN

朝の時間を有効利用。早め早めの行動で1日を長く使う

スケジュールに余裕をもたせるには時間をつくることだ。時間の延長手段として残業もあるが、夕方から夜は予定が入ることも多い。ならば、始動時間を早めるというのが昔も今もデキルビジネスマンの通説。

9時始業なら、その90分前にスタートを切る。もっとも脳の働きがよいとされる午前中、集中力の持続する90分間を自分だけの時間にするのだ。ここで午前中の予定を片づければ、おのずと午後の予定は楽になる。

危険だ。スケジュールにも遊びの部分をつくることが必要。余裕があれば、ふいのトラブル処理にあわてることも減る。余裕の仕事ぶりは評価アップにもつながるだろう。予定通りに事が運べば、リフレッシュの時間にあてればいい。

28

細切れにできる作業を用意しておく

ロスタイムを有効活用する

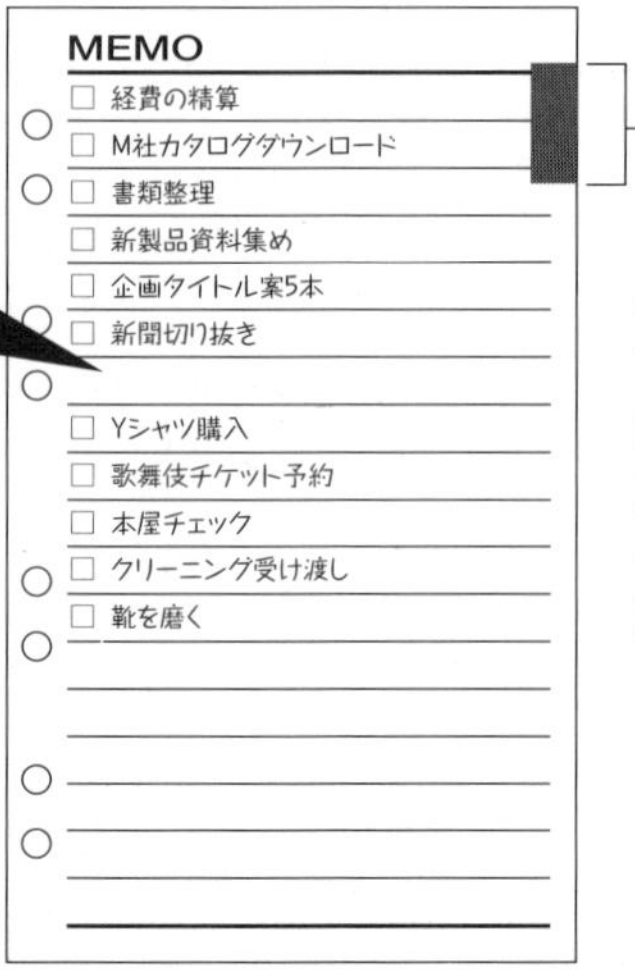
MEMO
経費の精算
M社カタログダウンロード
書類整理
新製品資料集め
企画タイトル案5本
新聞切り抜き
Yシャツ購入
歌舞伎チケット予約
本屋チェック
クリーニング受け渡し
靴を磨く

カテゴリーに分ける

雑然と並べるより、カテゴリーごとに分類しておくと便利。囲んだり、色分けしたりするとよい。分けることによって頭の整理にもなる。

インデックスをつければ、手帳のTo Doリストのあるページをさっと開くのに便利。

中身で分類

作業の中身によって分類する。仕事と仕事のちょっとした間に、趣味の作業で気分転換もできる。

例

仕事に関すること
家事に関すること
趣味に関すること

場所で分類

どこにいるときにやるかで分類する。資料の関係などで、特定の場所でしかできない仕事もある。

例

会社のデスクでやる
外出先でやる
家でやる

所要時間で分類

その仕事にどのくらいの時間がかかるかで分ければ、空き時間に応じて仕事を選べる。

例

10分でできる仕事
30分かかる仕事
1時間かかる仕事

出勤時間を早めようが、いくら残業をしようが、5分、10分の短い時間の使い方がうまくできないと、いつまでたっても時間は足りないままだ。

仕事がデキル人は、ごく短い時間をうまくすくい取って活用している。この小さな空き時間が、のちに大きな時間を生み出すことを知っているのだ。

たとえば、予定より15分早く打ち合わせがおわったとき、その時間を活用できる仕事を用意しておく。経費の精算でも名刺の整理でもいい。電話を一本かけるのにも

リフレッシュして　次の
商談は強気でいきましょう
う、うん
リフレッシュというか
かなり痛いんだけど

落ち込んでいるときや、ストレスがたまっているときは、ちょっとした空き時間を気分転換にあてるといい。ストレスコントロールも大切だ。

十分な時間だ。こうした細切れの仕事もTo Doリストに挙げておけば、やり残す心配がない。スポーツの世界でも、ロスタイムが価値ある勝利に結びつくプレーを生み出すことがある。自分のロスタイムの使い方を決めておくのだ。

COLUMN

礼状はすぐに出すのが効果的

訪問先への礼状や、受注しての礼状などは、スピードが肝心だ。素早く出すためには、手帳にハガキや切手をはさんでおくといい。

訪問がおわった後に立ち寄った喫茶店でさっと書いて、ポストに入れればOKだ。ちょっとした時間に、こまごました作業を片づけられるよう、準備しておきたい。

29

自分の都合に合わせて押さえる

アポイントを制する者は仕事を制する

こんな会話をしていないか

会話例A

相手：では、一度お会いしましょう。
自分：はい、来週の15、16日の午後、または18日のご都合はいかがでしょうか？
相手：ええと、16日の2時過ぎか18日の午前ならいいですよ。
自分：では16日の午後2時30分にお伺いいたします。
相手：16日の午後2時半ね。わかりました。
自分：よろしくお願いいたします。

先に自分の都合のいい日時を提案する。いくつか候補を挙げておけば、押しつけがましさはないし、スムーズにアポイントが取れる。

会話例B

相手：では、一度お会いしましょう。
自分：はい。ご都合は、いつがよろしいですか？
相手：7日の午後はどう？
自分：7日の午後……、ええと、申し訳ございません。その日は先約がありまして。
相手：そう、じゃあ8日は？
自分：申し訳ございません。8日もちょっと……。
相手：あ、そう、それでは、また今度にしますか。
自分：いえ、ええと、では、8日の…午後に…お伺いいたします……。

こちらから日時を提案しないと、相手任せになる。ダメな日があるなら、最初から提案したほうが相手も助かるのだ。

スケジュールを立てようとしても、なかなか自分の思うようにならない人がいる。アポイントひとつとっても、どうも自分に都合の悪いところに押し込まれることが多い人がいる。

これを解決する手段はただひとつだ。自分の都合に合わせるように相手に持ち込むのだ。そんなゴリ押しは自分には無理だというなかれ。強引に押しつけなくても、スマートに誘導する方法がある。

上の会話例を参考にしてみよう。うまく誘導して、自分で主導権を握ればいいのだ。これができない

それでは、20日か21日でいかがでしょうか
ええ、はい
では1月20日
午後1時に
お待ちしています

ポイント

空き時間をはっきりさせる

やるべきことなのに、空いた時間にやろうと、いつやるかを決めないでいることがある。しかし、これではスケジュール表の空き時間が、本当の空き時間なのかわからなくなってしまう。あくまで予定でかまわない。やるべきことは、できるだけスケジュール表に落とし込んでおこう。

と、いつまでたっても相手に流される。ムダな待ち時間や余計な残業、果ては休日出勤までやるハメになる。仕事では時間をうまく管理した者が上に立つことができる。時間をコントロールするには、自分が主導権をもつしかないのだ。

COLUMN

時間を守るのは、最低限のルール

5分や10分の遅刻に、声を上げて文句を言う人はあまりいない。大人は、めったに声を上げて文句を言わない。だからといって遅刻が許されているわけではない。手帳で予定をしっかり確認して、時間は厳守しよう。

自分の時間を大切にするなら、同じように相手の時間もムダにせず大切にしたい。

30

突然のスケジュール変更にも余裕の対応

あえてオーバーブッキングさせる

ダブル・トリプルで予定を立てる

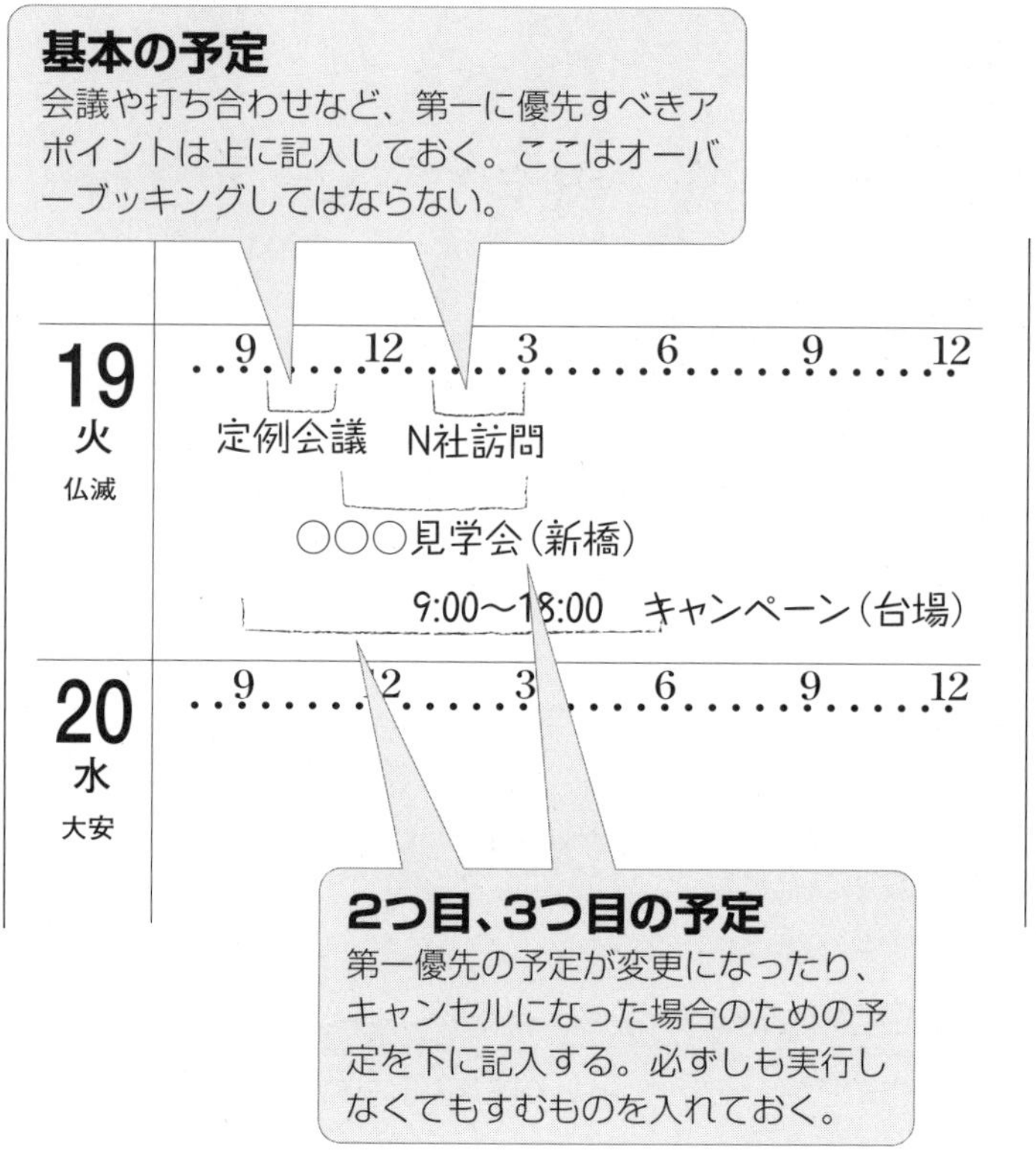
基本の予定
会議や打ち合わせなど、第一に優先すべきアポイントは上に記入しておく。ここはオーバーブッキングしてはならない。
19
火
仏滅
9 12 3 6 9 12
定例会議
N社訪問
○○○見学会（新橋）
9:00〜18:00 キャンペーン（台場）
20
水
大安
9 12 3 6 9 12
2つ目、3つ目の予定
第一優先の予定が変更になったり、キャンセルになった場合のための予定を下に記入する。必ずしも実行しなくてもすむものを入れておく。

スケジュールが変更になったり、突然キャンセルになることはよくあるものだ。そんなとき、ぽっかり空いた時間を無為に過ごすのはもったいない。こんな状況に対処するためにすすめたいのが、オーバーブッキングだ。

　スケジュールには優先順位がある。アポイントなど、先方との兼ね合いで第一に優先しなければならないものと、セミナーや展示会、パーティのようにある程度融通の利くものがある。第一に優先すべきスケジュールは手帳の上のほうに、それ以外の2つ目、3つ目の

PM 3:00

N社 訪問

予定はあくまで未定。第一優先のアポイントが先方の都合で変更やキャンセルになったり、思っていたより早くおわることもある。

予定が変更されたら……

キャンペーン視察

空いた時間をムダにしないためには、2つ目、3つ目のスケジュールを実行すればいい。キャンペーンや展示会、パーティのほか、プライベートの用事でもかまわない。

変動可能なスケジュールを下に記入する。そして、第一のスケジュールに変更が出た場合にすぐに対応できるようにしておくのだ。

行く、行かないは別として、先を見越した手を打っておくことが時間の有効活用につながる。

世間話や自己PRのネタになる

本命ではないサブの予定は時間の有効活用以外にも使い道がある。「きょう、あそこで○○のパーティがある」というようにクライアントとの世間話のネタにもなるし、予定が早くおわったときには「ご一緒しませんか?」と誘ってもOK。自分の社交的な面や情報収集力をさりげなくＰＲする手段になるのだ。

31

理想のワークスタイルを確立

模範的なスケジュール表を作成する

同期の仲間と朝食をとる
毎週金曜日は始業前に同期の仲間と朝食をとりながら、情報交換をする。

プールで泳ぐ
土曜日の午前中は体力維持と健康のため、スポーツクラブで泳ぐ。その後はこどもと過ごす。

デスク・資料の整理整頓
休みの前には必ずデスクと資料を整理する。調べものなど気になることはメモして週末に片づける。

だれにでも理想とするライフスタイルがある。仕事をバリバリこなし、プライベートも充実させ、はつらつと活躍している自分を想像したことがある人は多いだろう。恥ずかしがることはない。自分の理想の姿を思い描くことは、生きていくうえでプラスに働く。

しかし、忘れてはならないのは、それを想像止まりにしないことだ。必ず実現するのだと、つねに自分に言い聞かせることである。

手帳には将来の夢や目標を書き記したはずだ。今度はそれをかなえるための模範的な日々の過ごし

たとえばこんな1週間にしたい

20XX 4 APRIL
1 Monday
2 Tuesday 火
3 Wednesday 水
WEEKLY PLAN
6 起床
6 起床
6 起床
企画を練る
10 重要な仕事
10 重要な仕事
10 重要な仕事
18 家族で食事
18 英会話
企画を練る
週末の情報収集をもとに、毎週月曜の朝は企画を考える時間をとる。
メインの仕事をこなす
１日でもっとも重要な仕事は、できるだけ午前中のうちに終わらせる。
ビジネス英会話教室に通う
水曜日の夜は、スキルアップのためにビジネス英会話を磨く。
6時起床、12時就寝
健康のため、睡眠時間は確保する。夜更かしをしたり、朝、ギリギリまで寝る生活はやめる。

方を手帳に書いてみるのだ。1日、1週間、1ヵ月単位で、理想のスケジュール表をつくってみよう。そして、理想に近づける努力をするのだ。形から入るのは悪くない。理想形に自分を当てはめるように毎日を過ごしてみよう。

理想的な1ヵ月のスケジュール表をつくる

１週間と同じように、模範的な１ヵ月のスケジュール表も作成してみるといい。仕事の進行管理、行事予定、定例会議、勉強会、セミナーや趣味の習い事などを書き込んでいく。さらに家族と過ごす時間、飲み会、週末の活用の仕方など自分の理想とする生活に合わせて記入してみよう。

32

放っておいたらただのゴミ

ファイリングで古い手帳を宝に変える

使いおわった手帳の活用法

自己啓発

目標を達成するために自分がやってきたことがわかる。よかった点、反省点を見つけることは、最高の自己啓発となる。挫折したポイントがわかれば、次のステップアップに役立てることができる。

情報検索

過去に会った人物、出張で訪れた場所、宿泊したホテル、接待で使った店、ゴルフ場など、自分の行動に基づく情報を調べることができる。上司やクライアントの誕生日、記念日を確認するのにも役立つ。

マニュアル

過去の仕事の進め方、スケジュールが記してあるので、実践的マニュアルとしても使える。成功した点と失敗した点がわかるので、自分のためだけでなく、部下を指導するときの参考にもなる。

比較検討の資料

仕事の進め方、スケジュールの組み方、予算の管理などがわかる。あのときはこうしていた、という過去の事実は大きなヒントになる。年々の変化を確認したり、現在の状況と比較して考えるのに役立つ。

手帳は毎年新しいものに取り替えられる。綴じ手帳なら年数分の冊数がたまっていく。システム手帳はリフィールの束が増えていく。

古い手帳がどうなっているかといえば、捨てられなくてただとってある人、数年経ったら捨てている人、個人情報や日記も書いてあるからこっそりしまっている人、ときどき見返している人などさまざまだ。

だが、よく考えてみよう。古い手帳には濃い情報が詰まっている。自分の目標、仕事のスケジュール、資料メモなど、1年間、自分のや

デキル人のファイリングテクニック

システム手帳の
ファイリンググッズ

インデックス
年ごとの分類、メモなどを内容別に分類するときに便利。

リフィールボックス
手帳から取りはずしたリフィールを保存する箱。種類・サイズはいろいろ。材質はプラスチック、紙など。

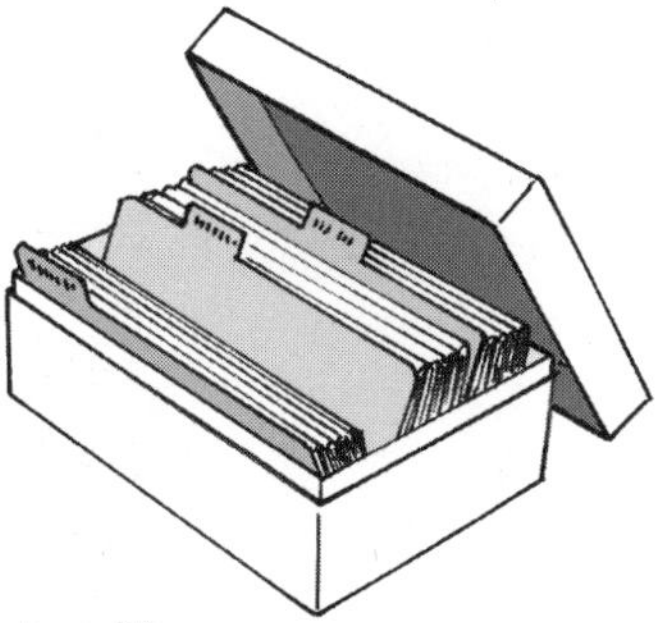

バインダー
リフィールの保存用バインダー。大量に保管できる厚口タイプと、一時保存用の薄いものがあるので、使い分けを。

綴じ手帳の場合
背表紙に目立つように年号を貼ったり、年ごとにカバーの色を変えるとわかりやすい。

システム手帳の場合

1 ためる
次のリフィールを補充するとき、一定期間ごとにバインダーからはずして、まとめてためておく。

↓

2 情報の取捨選択をする
ためておいたスケジュール表やメモ、議事録など一度全部を見返す。いらないメモなどはこの段階で捨てる。

↓

3 分類して保管する
スケジュール、To Doリストなど種類ごとに分類して保管する。インデックスをつけて、後で見返しやすいようにする。

ってきたことが記されている。これは宝の山だ。その時々の勝因も敗因もこれを見ればわかる。

古い手帳は整理して手元に保管するといい。そして、困ったときは見返してみる。きっと役立つヒントが記されているはずだ。

33

昔の手帳で自己分析

手帳の記録がムダな行動を少なくする

1週間、1ヵ月単位で分析する

分析するには情報が必要。自分がやったことや行ったイベントなどに感想のメモをつける習慣をつけるといい。それをもとに、今後はどうするのかを決める判断材料とする。

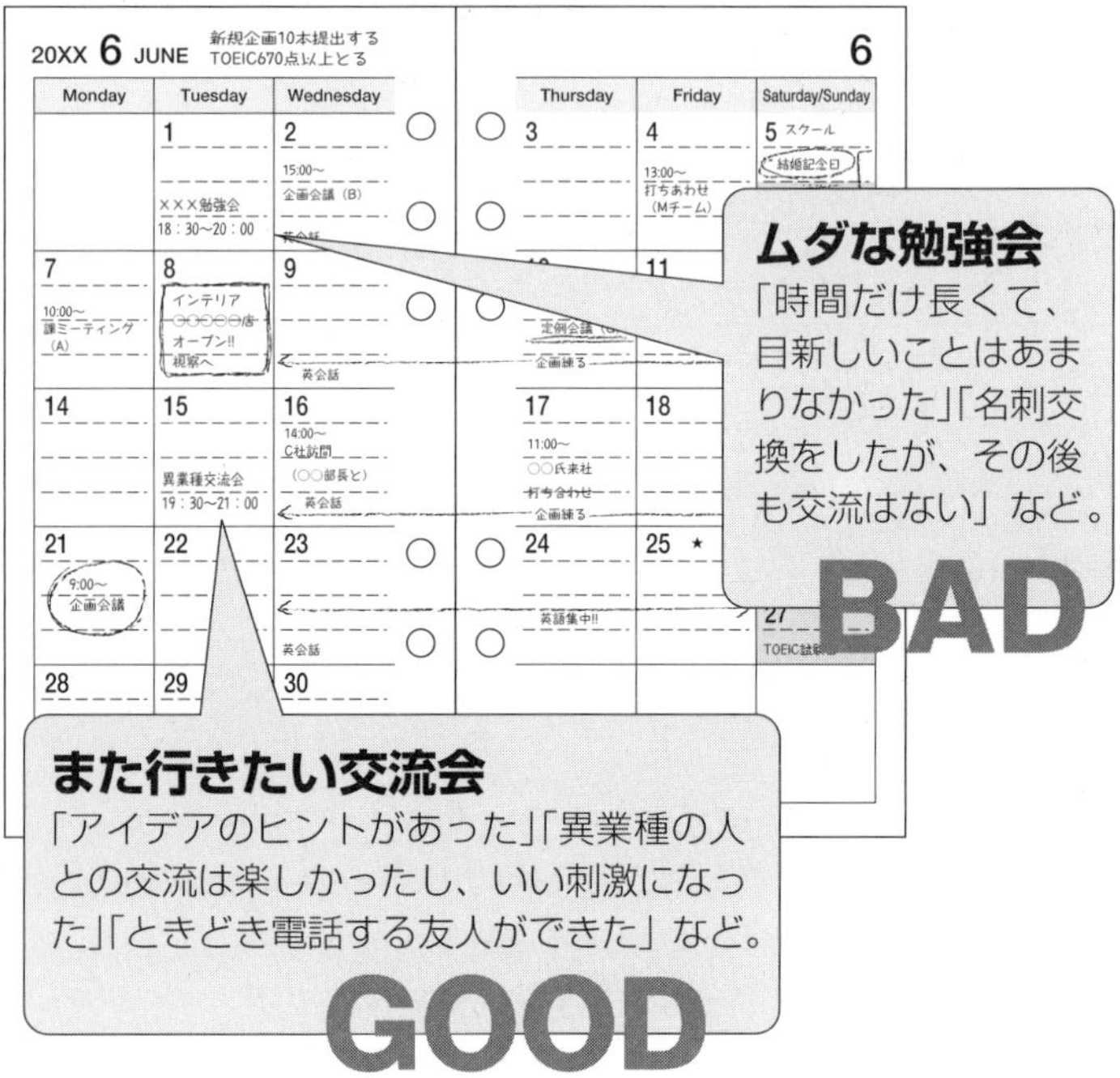
20XX 6 JUNE
新規企画10本提出する
TOEIC670点以上とる
Monday
Tuesday
Wednesday
Thursday
Friday
Saturday/Sunday
×××勉強会
18：30〜20：00
15:00〜
企画会議（B）
13:00〜
打ちあわせ
（Mチーム）
5 スクール
結婚記念日
10:00〜
課ミーティング
（A）
インテリア
オープン!!
視察へ
英会話
定例会議
企画練る
14:00〜
C社訪問
（○○部長と）
異業種交流会
19：30〜21：00
11:00〜
○○氏来社
打ち合わせ
9:00〜
企画会議
英語集中!!
TOEIC試験
ムダな勉強会
「時間だけ長くて、目新しいことはあまりなかった」「名刺交換をしたが、その後も交流はない」など。
BAD
また行きたい交流会
「アイデアのヒントがあった」「異業種の人との交流は楽しかったし、いい刺激になった」「ときどき電話する友人ができた」など。
GOOD

1日24時間、1年365日、この時間はすべての人に平等である。それなのに、いつも時間に追われている人と、そうでない人がいる。傍から見たら、自分よりたくさんの事をこなしているのに、余裕シャクシャクの人もいる。この差はどこからくるのだろう。

それを知るヒントは、過去の自分の手帳にある。

1年前の手帳でもいいし、現在使っている手帳の2、3ヵ月前の部分でもいいので開いてみよう。過去の手帳に書かれた自分の行動を分析するのだ。手帳を見て、何

行動パターンを検討する

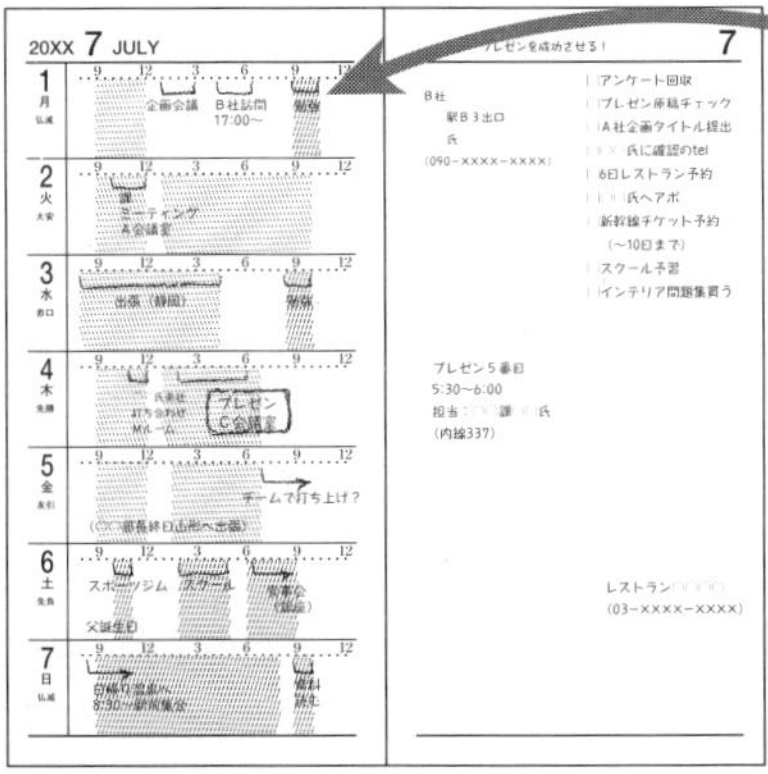

色分けをして
分析してみよう

仕事とプライベートのあり方には自分なりに理想とするバランスがある。色分けして比較することで、そのバランスがとれているかチェックしてみる。ほかに、自分の目標のためにやるべきこと、健康のためにやるべきことなど、視点を変えて分析してみよう。

検討例1
仕事VSプライベート

仕事に偏っていないか。あるいは、プライベートばかりに目がいっていないか。自分の理想とどう違うのかを比べてみる。

検討例2
事務VS営業

デスクワークが増えて、外回りが減っていないか。あるいは、仕事ばかりで、健康のための運動をする時間が減っていないかという視点でもよい。

検討例3
やるべきことVS
やりたいこと

やりたいことを犠牲にして、仕事ばかりになっていないか。逆に、仕事をおろそかにしていないか。また、やりたいことが減った原因は何かを検討する。

か気づくことはないだろうか。

過去の行動で「この飲み会は時間のムダだった」とか「この親睦会はその後、発展してない」というものがあるはずだ。また、結婚記念日やこどもの誕生日をすっぽかしたり、キャンセルしていないだろうか。理由はプライベートを犠牲にするほどのことだったのか。それを今でも繰り返していないか。

過去の手帳には、自分の成功も失敗も残っている。そこから情報をすくい取るのだ。そうすれば、ムダなことに時間を浪費することも少なくなる。何のために、今それをやるのか考える習慣も身につく。ただ誘われたからとか、惰性で行動するのをやめれば、時間はおのずとつくれるはずだ。

34

過去の手帳は貴重な経験則の山

前年と比較して予定を早める・遅らせる

こんなところを過去の手帳と比べる

●販売実績、営業成績
1年間の実績をチェック。変化するパターンや原因がわかれば、対策を立てられる。

●イベントのスケジュール
商品セールなどの時期と結果を見れば、タイミングが適切だったのか判断できる。

●在庫管理や入荷時期
在庫の適正量、入荷時期の決定の参考になる。

●取引先の営業時間・期間
年末年始など、相手がどのように動くかわかっていると、予定を立てやすい。

こんなときに……

セールの開始は11月の最終週で考えています

過去の手帳は自己分析に役立つだけではない。手帳の大半は仕事のために使われており、仕事に関する情報が多く、利用価値も高い。これを使わない手はない。

　ベテランになれば、長年の経験や知識が蓄積されてくるが、若いうちはそれに頼ることはできない。自分流のマニュアルをつくっていくしかない。そこで過去の手帳を引っ張り出して、分析するのだ。

　販売実績でも、自分の営業成績でもいい。自分の過去の記録を見ると、あるタイミングで数字が上向きに動いた時期があったり、下

去年の手帳をチェック

・11月2週目～／セール商品の問い合わせあり
・11月最終週／B社でセール開始
・11月25日／自社のセール開始

去年は、セール開始前から複数の問い合わせがあった。さらにライバル会社と同時期にセールが始まった。イベント商戦は先手必勝、今年はもっと早めたほうがいいはずだという予測が立つ。

徳永君　去年は
11月からイベント商品の
問い合わせが　結構
きていたはずだ
今年はセールの開始を
2週間ほど早めて
みてはどうだろう

降した時期が見えてくる。

好調に転じた時期には何があったのか。失敗した理由はその近くになかったのかなど、手帳に書かれた情報をもとに探るのだ。

イベントなどの企画でも過去の記録を見れば、人の手配が遅すぎただとか、ムダな人材をつぎ込んだなど、アラが見えてくる。こうした貴重な情報をだれでもない、過去の自分が教えてくれる。これが自分流のマニュアルとなって蓄積していく。

試しに、去年と似たような展開の仕事をしているなら、去年の手帳を一緒に持ち歩いて検証してみよう。そこから成功のポイントだけを抜き出して、今に活かしていくのだ。

手帳を使った
キメ細やかな情報管理で、
人より一歩先をいきたい人は
Part4をくまなく読んでみよう。

○○物産の星さん
明日から仙台出張
だよな　おすすめ
の牛タン屋リスト
を渡しておこう

● まわりの人に聞いてみました

「手帳にはどんな資料がついている？」

「路線図」や「年齢早見表」を挙げる人が多い。「各部署・グループ会社の連絡先」（会社で支給された手帳のため）、「気に入っている店のリストをまとめてメモしている」という意見も。

路線図などの定番の資料と、人と差をつけられるオリジナル資料についてはＰ114へ。

Part 4
手帳で仕事をもっとテキパキこなす

35

メモには仕事力がにじみ出る

メモページの活用で、自分も相手も安心する

こんなことを書き留める

スケジュール
アポイントの日時、納期などの重要事項。

備忘録
打ち合わせの内容や、準備するべき資料や書類、クライアントの情報。

来週は月・火と出張
水曜日は企画会議
木曜日は取締役会
金曜日は○○氏と会食

ひらめき
企画書のアイデアやヒントなど。思いつきのキーワードでOK。

マニュアル
仕事上、覚えておきたい進行や予算の管理、OA機器の操作法など。

打ち合わせや会議の席で、自分の話を聞いてもメモをとらない相手に対してどう思うだろう。「メモしなくても頭に入るなんてすごい」なんてことは、まずない。「ちゃんと聞いてくれているのだろうか？」と思うほうが自然だ。

自分がそう思うということは、相手も同じように感じているのだ。

メモの役割は備忘録だけではない。信頼関係を築くためにも重要だ。メモをとることで、相手は自分の話を聞いてくれていると実感し、信頼感を抱いてくれる。

もちろん、メモをとったら、きっ

“あとで書く”は×。ポイントを押さえて書く

タイトルをつける
「A社B製品の納期」など、何についてのメモかがわかるようにしておく。タイトルがないと、だれと何について話したのか混乱する。

その場で書く
メモは聞いたその場で書くことが大事。特に、日時や金額などの数字があるときは、確認しながらメモをとる。

1件につき1枚
メモ用紙はケチらない。後でそのまま貼付することもあるので、表裏の両面に記入したり、1枚に複数の用件を書かないほうがいい。

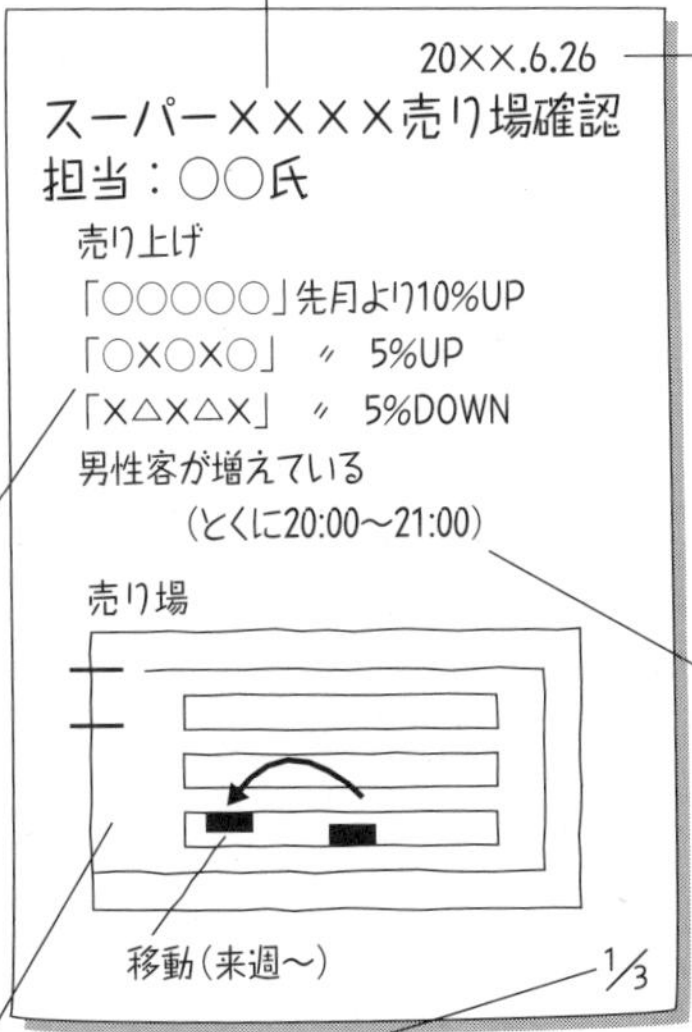

20××.6.26
スーパー××××売り場確認
担当：○○氏
売り上げ
「○○○○○」先月より10%UP
「○×○×○」 〃 5%UP
「×△×△×」 〃 5%DOWN
男性客が増えている
(とくに20:00～21:00)
売り場
移動(来週～)
1/3

日付を入れる
何月何日にとったメモかがわかるようにしておく。

箇条書きにする
後で見返したときに、用件がまとまっているほうがわかりやすい。メモをとりながら、頭の整理もできる。

数字は正確に詳しく
時間や数字は正確さが重要。ていねいに書く。紛らわしい表現を避けて、漢数字や算用数字を使い分けるといい。

図を入れる
図やイラストがあったほうがわかりやすいことも多い。図に引き出し線をつけて説明を入れると、さらにわかりやすくなる。

ナンバリングする
メモが複数ページにわたるときは、ナンバリングが必要。面倒でも1／5、2／5……など、番号をふる習慣を。

ちりと仕事に反映させなければならない。メモをとったのに締め切りを忘れているとか、要望と違うというのではお話にならない。メモのためのメモではないのだ。
　そこで、ツボを押さえたメモのとり方を身につけておきたい。

36

"書きっぱなし"では意味がない

メモと予定表をリンクさせる

メモをより分ける

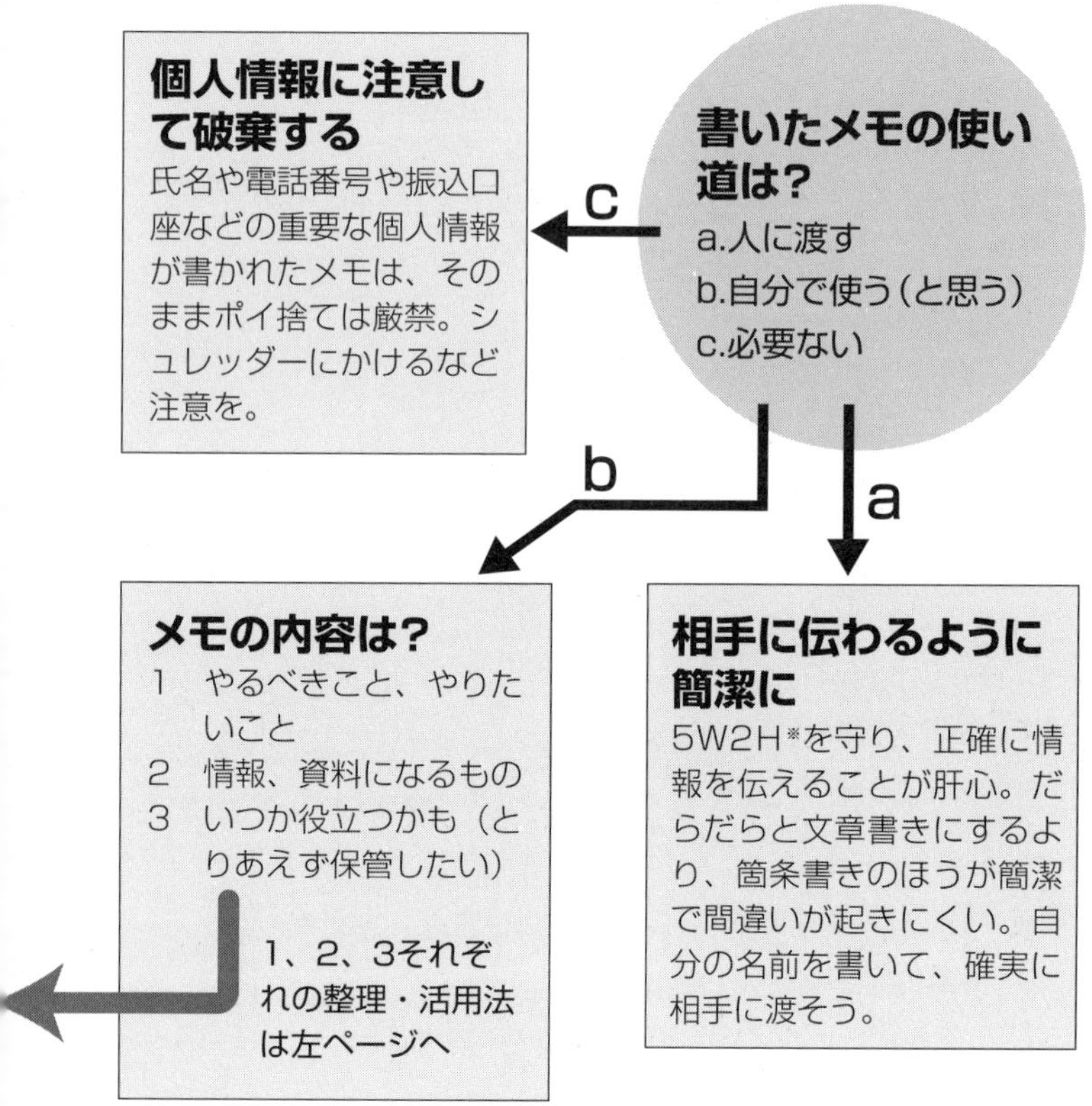

書いたメモの使い道は？
a.人に渡す
b.自分で使う（と思う）
c.必要ない
c
個人情報に注意して破棄する
氏名や電話番号や振込口座などの重要な個人情報が書かれたメモは、そのままポイ捨ては厳禁。シュレッダーにかけるなど注意を。
b
メモの内容は？
1　やるべきこと、やりたいこと
2　情報、資料になるもの
3　いつか役立つかも（とりあえず保管したい）
1、2、3それぞれの整理・活用法は左ページへ
a
相手に伝わるように簡潔に
5W2H※を守り、正確に情報を伝えることが肝心。だらだらと文章書きにするより、箇条書きのほうが簡潔で間違いが起きにくい。自分の名前を書いて、確実に相手に渡そう。

前ページで、メモのためのメモはダメだと述べた。みんながメモをとっているからだとか、メモをとるのがビジネスマナーだからというのでは進歩がない。

メモをとるのが仕事ではない。仕事のためにメモをとっているのだ。たくさんメモをとったところで、それを仕事に反映し、活用しなければ紙のムダ遣いにすぎない。

メモをとったら、必ずチェックして必要な情報をより分ける。そして、その情報を手帳とリンクさせ、活用する。これがメモの正しい使い道である。

※5W2H……When(いつ),Who(だれ),What(なに),Where(どこ),Why(なぜ),How(どのように),How much(どのくらい)といった7項目のポイントのこと

自分でメモを活用する場合

やるべきこと、やりたいことのメモは

1 スケジュール表とリンクさせる

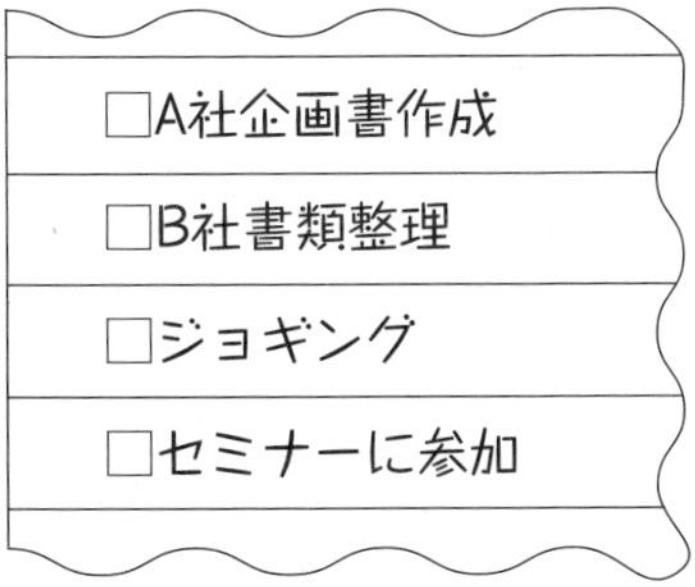
□A社企画書作成
□B社書類整理
□ジョギング
□セミナーに参加

To Do（やること）リストに落とす

日時の定まらないやるべきことや、自分がやりたいことは、To Doリストに記入する。優先順位を決めることも大事。

スケジュール表に落とす

会議や打ち合わせ、アポイントなどの日時は、スケジュール表に書き込む。

情報・資料となるメモは

2 後で使いやすいように保存する

内容でページを入れ替える

システム手帳ならリフィールの移動ができるので、必要なページに入れ替え作業をしておく（マニュアルのページや、思いつきメモのページなど）。

日付とリンクさせておく

会議や打ち合わせ、アポイントに使える情報は、該当の日付のページに書き込む。ふせんに書いたメモならそのまま貼っておけばよい。

とりあえず保管したいメモは

3 一定期間保存して、再チェック&整理

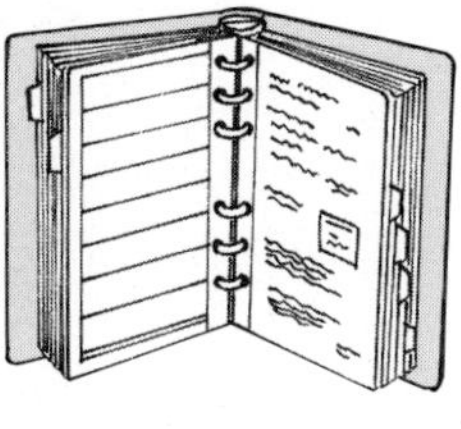

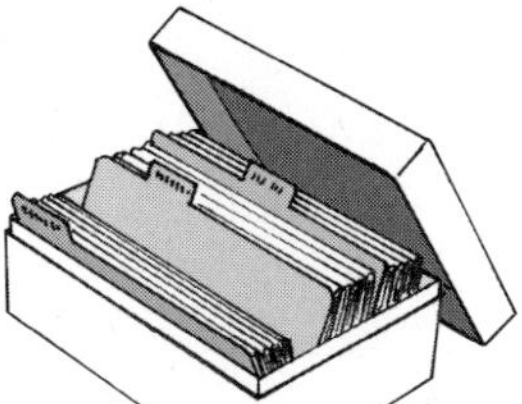

自分で決めた期間は手帳で保存し、その後、再チェックして不必要になったものは破棄する。必要なものは再度保存。システム手帳のリフィールなら保存ボックスなどに移す。

37

TPOに合わせてメモをとる

いつでもどこでも活躍させる

ポイント1 メモはあちこちに分散させる

手帳のメモページのほかに……

デスクの上—電話の横などに伝言用のメモパッドがあると便利

デスクの引き出し—大判のノート兼メモ帳を入れ、会議用に

鞄—書類の間に紛れても探しやすい、カラフルなメモ帳がいい

ポケット—小型のメモ帳やのりつきのメモが使いやすい

たとえ居酒屋で飲んでいても、何かあったら
サッとメモをとれるのが、デキル男。

いつでも、どこでも手帳を取り出して、該当ページをサッと広げられるとはかぎらない。そんなときのために、必ずメモ用紙を持ち歩くことを習慣にしたい。

たとえば、セミナーや講演会など、メモをとることが前提ならレポート用紙やノートでもいい。しかし、立食パーティのようにクロークで鞄を預けたり、おおっぴらにメモをとるのがはばかられるような場所では、手のひらにすっぽり隠れる小さなサイズが便利だ。

まさかメモはとらないだろうというときにかぎって、必要になる

ことを覚えておこう。

メモ用紙は、用途に応じてサイズや種類、色分けを考えて用意したい。この手間が後々の作業を省くのに役立つ。メモをとるときは、そのメモを次にどう使うのかを考えておくことが肝心だ。

ポイント2 使いやすいメモを選ぶ

フォーマット

使いやすいタイプを探す
市販のメモ用紙には、電話・伝言、議事録、商談、顧客などのフォーマットが印刷されたものや、無地や罫線入りなど、多種類ある。

大きさ

用途に応じて数種類そろえる
スーツのポケットに入る名刺サイズぐらいの小さなものから、ハガキ大、B5、A4のノートサイズなど数種類用意しておく。

機能

のりつき、複写などで手間を省く
メモの一端にのりがついていると貼り替えが可能。複写式のメモ帳は、1枚を携帯して、もう1枚は保存用にできる。人に渡す伝言メモの控えにするにも便利。

色

目立たせたり、仕分けに便利
仕事用、プライベート用で色分けしておくと分類しやすい。重要な用件は赤やピンクといった目立つ色のメモを使うなど、自分でルールを決める。

紙だけではない。音声メモを活用する

小型のICレコーダにメモや用件をしゃべっているシーンを映画で見たことがあるだろう。あれも一種のメモ術だ。

同じことが電話でできる。携帯電話のボイスメモや家の留守番電話を利用するのだ。歩きながらでも、片手で簡単に操作できる。手持ちの道具をフル活用してメモをとろう。

ポイント3 のりつきメモで転記ミスを防ぐ

メモ用紙からスケジュール帳に予定や電話番号を書き写すときに、うっかり数字を間違えたりすることがある。面倒なこの転記作業を減らすには、のりつきのメモをすすめたい。進化したふせんといえる（ポストイットという商品が有名）。デスクにはもちろん、携帯用として手帳に準備しておけば利用価値大だ。

使い方次第で、何にでもなる

手帳として使う

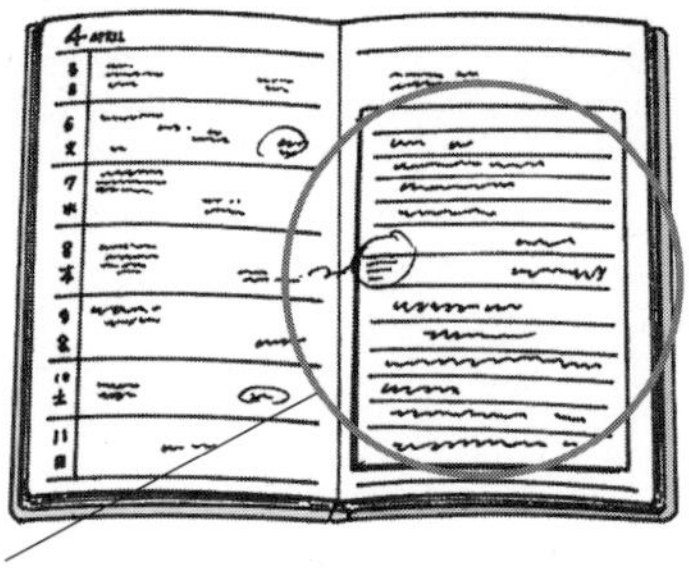

手帳の代わりに持ち歩く。後でメインの手帳に貼り替えればよいので便利。

ふせんとして使う

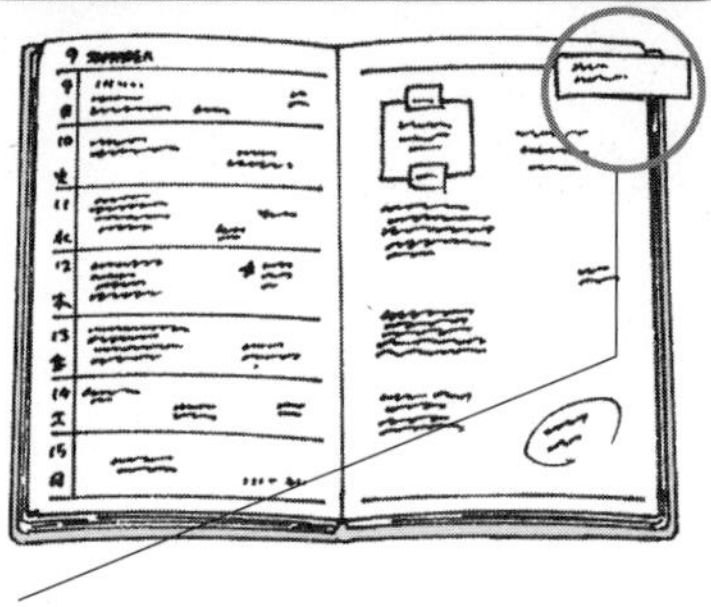

手帳にふせんをたてて大事な用件を目立たせたり、インデックスの代わりに使用する。

ポイントとして使う

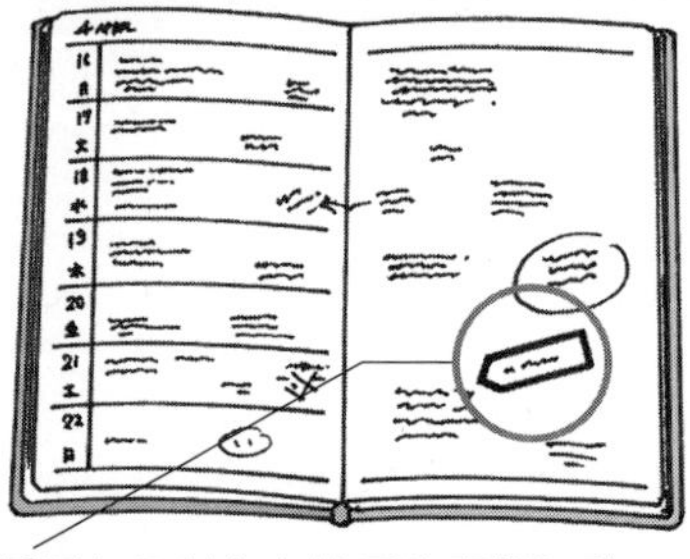

透明なふせんを地図や書類に貼ってポイントを目立たせたり、アイキャッチに使う。

メモ帳として使う

手帳が小さく、メモ欄などが足りないときに使う。簡単にはがせるので、文字の上に貼ることもできる。

デスク回りにメモを書いたふせんを貼って、作業完了ごとにはがしていく方法は残務量がひと目でわかって便利。

豊富な種類を使い分ける

大きさ・色・形
インデックス用の小さなサイズから、メモ用紙～大判サイズまで。形も長方形、正方形、丸、矢印の形のものなどがある。色も濃い色からパステルカラーなど多種類。

罫線入り、フォーマットもの
罫線や電話メモ、ファクシミリ送信用紙などのフォーマットが印刷されている。

素材
紙以外に、フィルム素材がある。透明で下の文字が読めたり、目立つ色のものはインデックスやフラッグとしても利用できる。

粘着力
貼ったりはがしたりしやすい通常タイプのほか、強い粘着力ではがれ落ちにくいタイプもある。

38 書くことでアイデアが湧き出る

キーワードを書き留める

人の話
同僚や友人と雑談したこと、講演会の内容、テレビで放映された印象的な話、気になることはメモしておく。

流行
今流行りのものが何か、意識して見ることも大事。紙に書き出すことであらためて気がつくこともある。

新聞・雑誌
興味がある記事、気になるキーワードはメモしたり、切り抜いて手帳にはさんでおく。

街中
街で見かけた流行っている店のこと、ファッション、音楽、食べ物などは生の情報源。気になったらメモしておく。

目的はためることではない

これらのキーワードは、ただ集めていては増える一方。新しい企画などのために活用するのが本来の目的。一定期間ごとに見直して、P94〜95を参考に整理しておく。

新商品やセールスプランニング、イベントなど、仕事ではつねに新しいアイデアを要求される。

ところが、斬新なアイデアというものは机でウンウン考えても浮かぶとはかぎらない。何かしているときにふと思いついたり、外出先で見たものがヒントでひらめくこともある。つまり予測不能だ。

そんな千載一遇のチャンスを逃さないためには、手帳が心強い助っ人となる。いつも持ち歩いている手帳やメモ用紙に、アイデアやキーワードを書き留めておくのだ。

逆に、何気なく書き留めたメモ

手帳をアイデアの手がかりにする

来年の夏祭りで
社員にロゴマーク入り
の浴衣を着てもらう
なんていうのは
どうだろう？

キーワードから考える

ひらめいたことを次々に紙に書き並べていくことでアイデアを練る。チャートにしたり、図解しながら考えるのもよい。

スケジュール表から考える

季節に合ったイベントや季節を先読みするイベント、クライアントの創立記念日などもヒントになる。カレンダーの祝祭日、記念日も意外に使える。

資料から考える

売上票などのデータ類はアイデアの宝庫。数字の上昇、下降を分析すると見えてくるものがある。住所録は、地名や住所から地域の特徴を考えるヒントになることも。

COLUMN

手帳が名作のネタ帳だった

日本に手帳をもたらしたとされる福沢諭吉は、パリで購入した手帳に、ヨーロッパでの見聞メモを記している。この記録をもとに『西洋事情』などの著書を書き上げたという。

また、『人間失格』や『斜陽』で有名な太宰治の手帳には、名作の執筆メモが書き込まれている。

がアイデアを生むこともある。手帳をめくってみよう。手帳にはスケジュールや住所録などさまざまな情報がある。これを眺めているうちにふと思いつくこともある。

手帳の書き込みにアイデアの原石があることを覚えておこう。

39

いつも持ち歩くものだから

手帳の収納力を高める

ええと
その資料なら
縮小したのが
手元に
ありますが……

懸案事項についての資料や、進行管理表、検討中の企画書などは、いつでもチェックできるように、折りたたんで手帳にはさんだり、手帳のサイズに縮小コピーして持ち歩くといい。

ポイント

手帳カバーもおすすめ

シンプルな綴じ手帳は、ポケットのついた手帳カバーをかけて収納を増やす方法がある。手帳が汚れたり、角が折れたりするのも防げるため一石二鳥だ。

手帳にはある程度の収納力も求められる。つねに持ち歩くものだけに、領収書や新聞・雑誌の切り抜き、チケットなどをはさんでおくことも多い。しかし、中身がすっぽ抜けて紛失しても困る。

収納力でいえば、ポケットもあり、リフィールでクリアファイルを追加できるシステム手帳が上だ。綴じ手帳は、ゴムバンドを利用するとはさんだものが抜け落ちるのを防げる。ひと工夫して、手帳の収納力をアップさせよう。ただし、こまめに整理整頓して、不格好に膨らまないように注意したい。

システム手帳は収納力が高い

カード入れ
地下鉄、ＪＲの乗車カードなどを入れておくのに便利。テレホンカードも1枚入れておくとよい。

クリップ
メモをはさんだり、留めたページをサッと広げられるので便利。2、3個常備しておく。

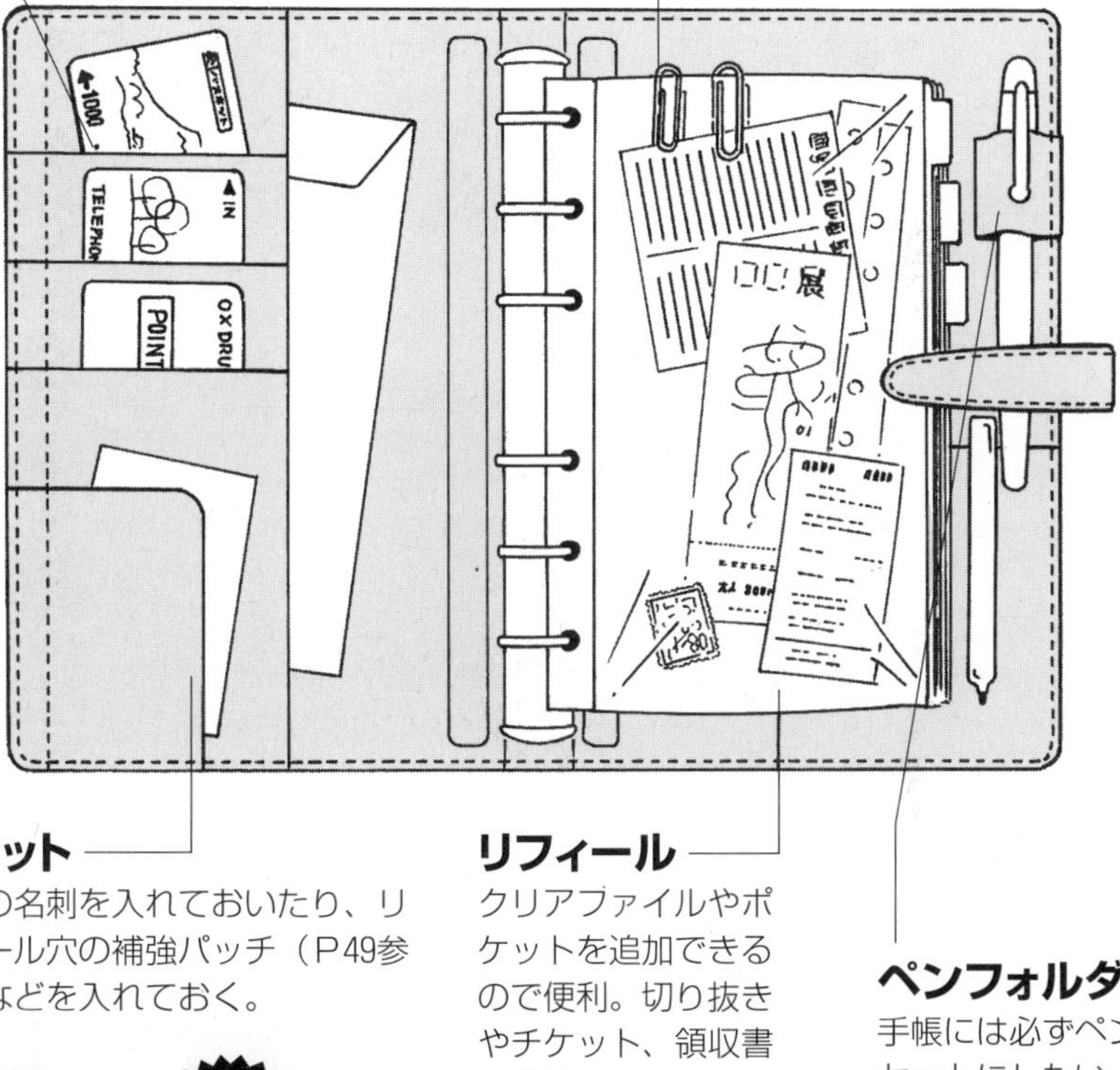

ポケット
予備の名刺を入れておいたり、リフィール穴の補強パッチ（P49参照）などを入れておく。

リフィール
クリアファイルやポケットを追加できるので便利。切り抜きやチケット、領収書の保管に。

ペンフォルダー
手帳には必ずペンをセットにしたい。ペンフォルダーがあるものがベスト。カード型のペンもはさんで、2本くらい持っていたい。

貴重品は入れない
キャッシュカードやクレジットカード、現金、商品券などは手帳に入れたり、はさんだりしない。新幹線のチケットやコンサートのチケットといった換金できるようなものも、できれば手帳に入れないようにしよう。

40

仕事にもデートにも役立つ

自分仕様の資料を手帳に加える

クライアントとの待ち合わせや急に食事をすることになったとき、気に入っている店のひとつも紹介できないようではダメだ。

手帳には、もともとおまけについている情報もあるが、そこにふだん集めた自分仕様の情報を蓄積しておきたい。手持ちのカードは多いほうがいい。気に入りの店のリストをつくっておくといい。

仕事に使える静かな喫茶店や、パソコンが使えるネットカフェ、ビジネスステーションなど、とっさのときに役に立つ情報をいくつ持っているかで評価に差が出る。

あると便利な資料ページ

年齢早見表

西暦と和暦から年齢・年数を換算する早見表。昭和で表記されると何年前かわからないことがある。あると意外に便利。

企業や業界でつくられる手帳

特定の企業や業界の情報を盛り込んだ、市販されない手帳がある。会社の本支店の住所録、同業各社の住所録、関連会社の連絡先などをはじめ、業界ならではの情報が満載。部外者の人は入手が困難なものも多いが、他業種の人から見ても魅力的だ。

また、雑誌の付録や趣味の手帳もネタが豊富。料理レシピ、釣り情報、ゴルフ場情報などユニークなものがある。

乗り換え路線図

東京や大阪、名古屋などの都市部はJRや私鉄の乗り換えが複雑。出張でよく行く地域のものも用意したい。

テレフォンガイド

交通機関の窓口、航空会社などのチケット案内、道路交通情報のほか、主要官庁、公共機関の電話番号一覧など。調べものをするときに便利。

世界時差表

世界の主要都市との時差が記されている。国際電話をかけたり、海外出張のときに便利。

ほかにも、国内郵便料金表、日米欧の単位換算表、時候の挨拶一覧など。いろいろな資料がある。

デキル奴はオリジナル資料に違いが出る

得意先への移動リスト	交通機関の乗り換えや所要時間、料金などを一覧にしておく。経費精算のときに便利。
OA機器のマニュアル	オフィスのOA機器、パソコンなどの操作マニュアルを書いておく。操作のたびにだれかの手をわずらわさないようにしておく。
気に入りの店のリスト	レストランや喫茶店、酒を飲める店などをリストアップしておく。仕事用、プライベート用に分け、自分なりの評価をして、TPOに応じて使い分けられるようにする。
ストレス解消先リスト	マッサージ、仮眠ができる店の情報など、リフレッシュに使えるところをリストにしておく。

ココから近くて
フランスワインが
そろっているところ
ならこのお店です

オリジナル資料は正確で詳しい情報を心がけたい。「行ったら定休日」では信用をなくす。

41

アドレスページの使い勝手をアップ

五十音順がベストとはかぎらない

アドレス帳の分類例

五十音順
あ、い、う、え……

メリット
分類が楽で、自分だけでなくだれが見ても検索しやすい。

デメリット
頻繁に連絡するものと、そうでないものが混在し、合理的でない。また、会社名と個人名、お店の名前などが交じるので、雑然とする。

ジャンル別
取引先、関連会社、友人関係、レストラン……

メリット
ジャンルごとに情報を整理して分類できる。「大学時代の友人たちに連絡する」「近くのホテルを探す」といったとき、検索が早く、合理的。

デメリット
自分以外の人は使いにくい。また、ジャンルを細かく分類しすぎると、どこに分類したかわからなくなることがある。

手帳の住所録は携帯電話の普及で以前ほど使うことはなくなっている。とはいえ、携帯電話の充電が切れたり、どこかに置き忘れたりすることもある。いざというときに必要最低限の連絡先がわかるように、手帳の住所録をつねに持ち歩くことは必要だ。

バックアップとして考えれば、手帳には多くの情報を書き込む必要はない。社名、電話番号と担当者名があれば事足りる。軽量化のために、そういう使い方でOKだ。

また、住所録といえば五十音順が主流だが、仕事関係や友人など、

パソコンの住所録をメインにする

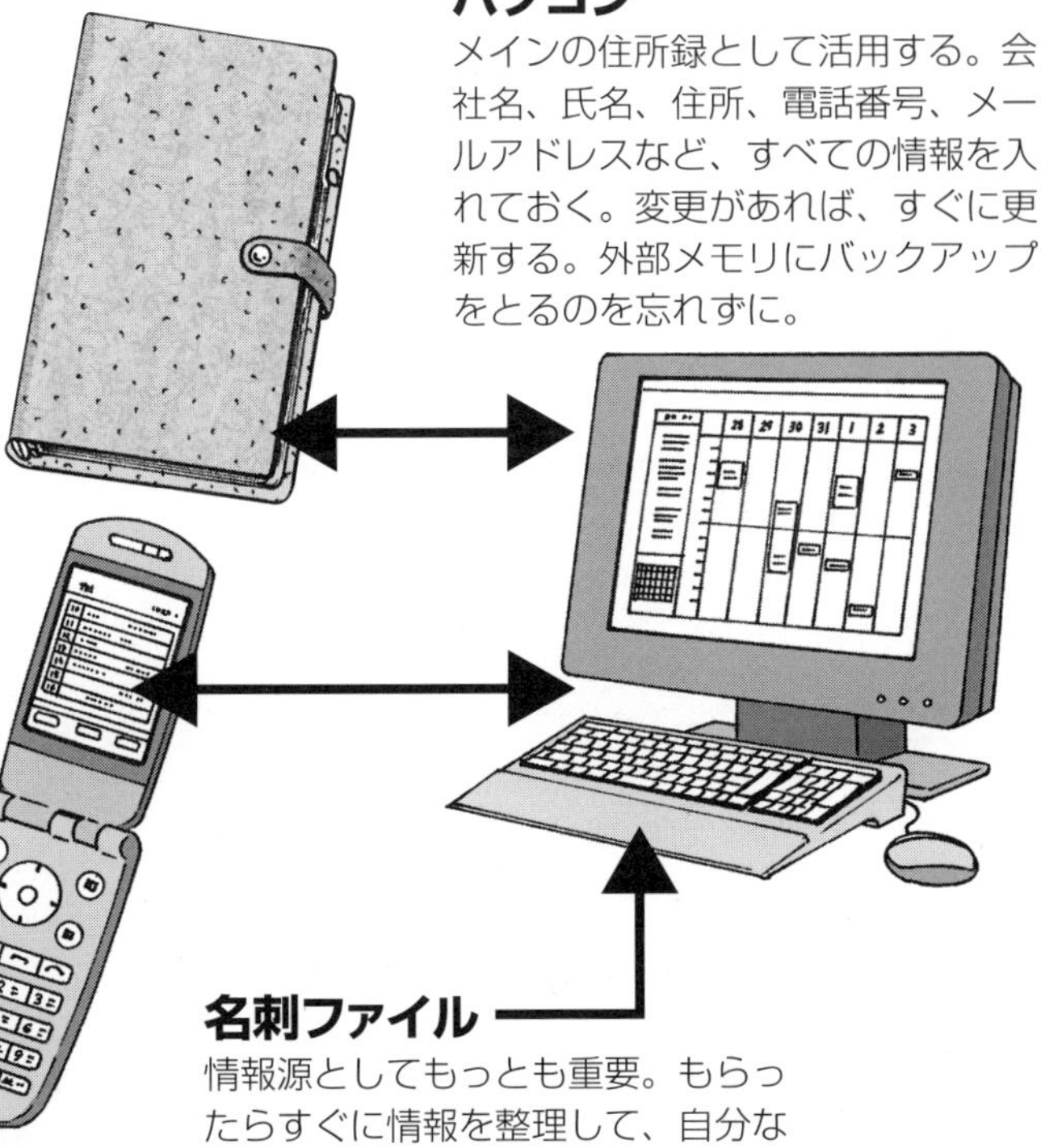

手帳
手帳にはよく使うものがあれば十分。パソコンでつくった住所録があるなら、わざわざ新たにつくらなくても、プリントアウトしたものを折りたたんで持ち歩く方法もある。

パソコン
メインの住所録として活用する。会社名、氏名、住所、電話番号、メールアドレスなど、すべての情報を入れておく。変更があれば、すぐに更新する。外部メモリにバックアップをとるのを忘れずに。

携帯電話
氏名と電話番号、携帯電話とパソコンのメールアドレスがあるといい。グループ分け保存もしておくと検索しやすい。

名刺ファイル
情報源としてもっとも重要。もらったらすぐに情報を整理して、自分なりのルールで保管する。

選りすぐりの連絡先だけを書き込む手帳においては、ジャンル別に分類したほうが、使い勝手がよい。

ところで、システム手帳の場合は問題ないが、1年ごとに買い替える綴じ手帳の住所録は書き移す作業が生じる。この場合は、住所録が別冊になっているものを選ぶとよい。住所録だけ差し替えれば、手帳が変わるたびに書き換える手間を省くことができる。

情報はモレなく更新する
リストにある電話番号や住所が変更になった、名刺の肩書きや会社が変わったなどの場合は、すぐに情報を更新しよう。パソコンだけでなくすべてのツールを最新の情報に変えておく。

42

手帳の情報が仕事を助ける

顧客データのチェックで業績アップ

取引会社、個人のデータを手帳にまとめる

インデックスをつけると便利
整理して見やすくするにはインデックスが必須。たとえば、取引の多い順や、交渉段階に応じてＡＢＣとランク付けをして分類する。

相手の基本情報
会社名、担当部署、担当者名と肩書き、住所、電話番号などの基本情報の記入スペースをトップに設けておく。

時系列に記録
メモをもとに、打ち合わせの内容をまとめておく。相手の要望などはマーカーをぬったり、囲みをつけて目立たせる。雑談の内容から、相手の趣味や家族構成などがわかったら、それもメモしておく。

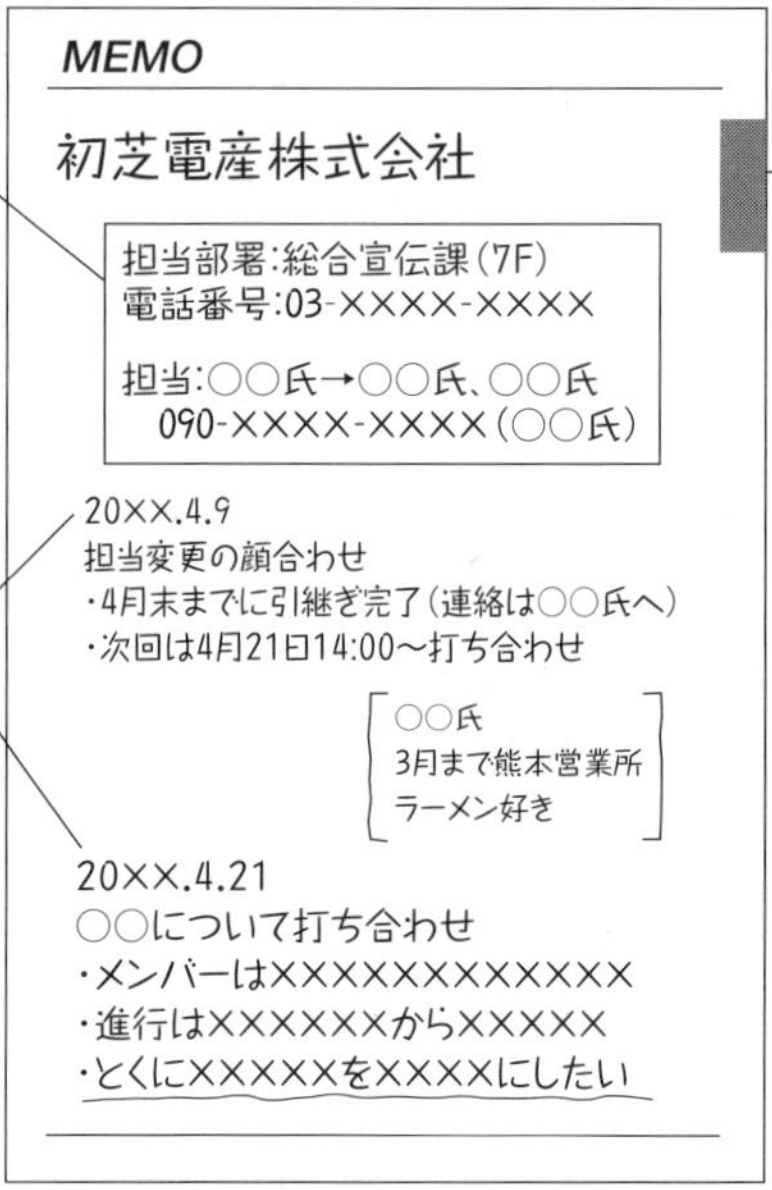

MEMO
初芝電産株式会社
担当部署:総合宣伝課(7F)
電話番号:03-××××-××××
担当:○○氏→○○氏、○○氏
090-××××-××××(○○氏)
20××.4.9
担当変更の顔合わせ
・4月末までに引継ぎ完了(連絡は○○氏へ)
・次回は4月21日14:00〜打ち合わせ
○○氏
3月まで熊本営業所
ラーメン好き
20××.4.21
○○について打ち合わせ
・メンバーは××××××××××××
・進行は××××××から×××××
・とくに×××××を××××にしたい

営業の仕事は、人と人とのつながりで成り立つ。会社と会社の付き合いではあるが、窓口となる者同士の人間関係がよくないと、うまくいく仕事もちょっとしたことでギクシャクすることになる。信頼関係を築き、発展させるには、手帳に蓄積する情報がカギだ。

トップセールスマンや営業で成績を伸ばし続ける人の多くは、キメ細やかな情報管理をしている。

仕事に関することはもちろん、その日の天気から、雑談した内容まで手帳に書き留め、仕事に反映させている。相手がポツリともら

あの人なら
マルゴーに
目がないわ
え？

銀座のママは営業マンのお手本

高級クラブのホステスさんたちは、驚くほど客のことを覚えている。キメ細やかな情報管理のうえで、お客さんそれぞれに合わせた話術や人の扱いは、見習うべきところが多々ある。

銀座の女を　甘く
みないでね
社名、役職、誕生日
はもちろん、趣味、
飲み物の好き嫌い
くらい知ってるわ
あなたが今まで
ここへ来た日時、
飲んだもの、
話した内容をすべて
教えられるわよ

した一言まで逃さない。この姿勢が成功へと導くのだ。

手帳には、つねに新鮮なデータを入れたい。打ち合わせのメモをもとに、整理した情報を書いておく。情報整理は早いほどよい。会った直後か、当日中にやるべきだ。

「手が空いたらやろう」では、細部を忘れたり、印象がぼやけて、相手の望むことが見えにくくなる。打ち合わせの場で新たな提案ができなかったときでも、詳細な記録があれば、後日見返すことでアイデアが浮かぶこともある。

手帳の情報は新鮮さが役立つこともあれば、しばらく熟成させてから役立つこともある。それには、ふだんから手帳に情報を蓄えておかなくてはダメなのだ。

43

名刺を生きた情報ツールに変える

手帳が名刺入れに早変わり

手帳は仮の保存場所

システム手帳の場合は

カードホルダーをつけることができる。取引が一段落するまで持ち歩きたいときは、カードホルダーに入れておけば便利。

綴じ手帳の場合は

クリップで留めたり、カバーのポケットに収納しておく。ただし、落としやすいので、オフィスに戻ったらすぐに整理して、名刺ホルダーに移し替える。

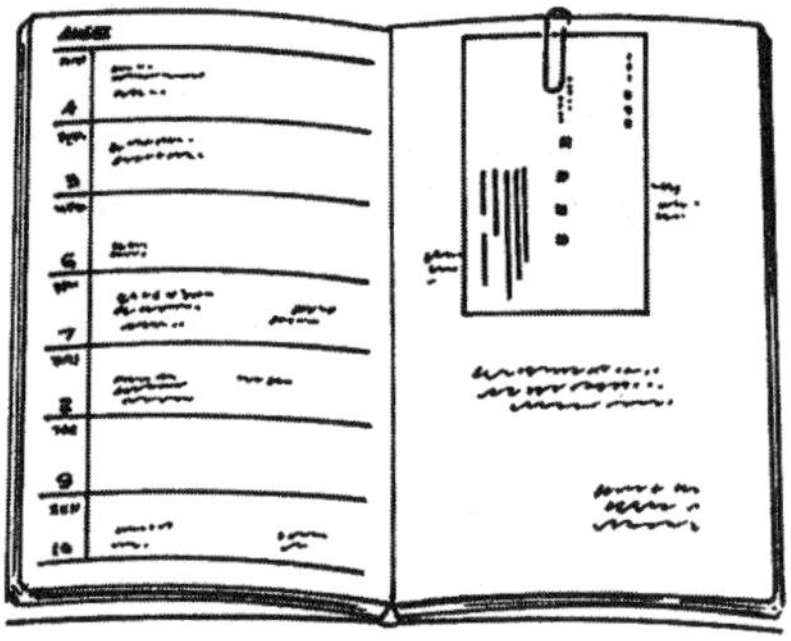

名刺交換の際に、自分の名刺が足りなくなった、なんてイタイ失敗をしたことはないだろうか。ミスの原因は、予備の名刺を手帳に入れておかなかったためだ。

もうひとつの原因は、名刺入れに、もらった名刺を大量に入れっぱなしにしておいたこと。つまり、交換した名刺の整理ができていないことを示す。すぐに整理しておけば、名刺入れの中の自分の名刺の減り具合など確認できたはず。

名刺交換をしたら、すぐに整理し、自分で決めたルールにしたがって保管する。今後、頻繁に連絡

初めまして
島と
申します

名刺は、切らさないように注意しよう。名刺入れ以外にも、手帳や財布、定期券入れなどに予備の名刺を入れておく。大量に必要なら鞄の中に箱ごと入れておいてもいい。

1 もらった名刺に情報をプラス

日付や相手の印象を名刺の裏に記入しておくと、後で思い出すときに便利。

2 ルールにしたがって保管する

ジャンル別、時系列など自分が決めたルールにしたがって保管する。オフィスの名刺ホルダーでもいいし、一時的な保管なら手帳でもいい。

3 定期的に見直して整理

手帳に入れて持ち歩いた名刺は、取引終了時などに見直して、名刺ホルダーに移し替えるなど、整理整頓をする。

をとるようであれば、必要な情報を手帳の住所録やメモに書き込む。

一時的に持ち歩くときは名刺入れではなく、手帳に保管場所をつくっておこう。自分の名刺と分けることで、もらった名刺をうっかり別の人に渡しそうになった、などということもなくなる。

名刺交換は、初対面の相手と接する最重要ポイント。つまずかないようにしたい。

重要!

個人情報の流出に注意!

不要になった名刺やそのコピーは、たとえオフィスのゴミ箱でもそのままポイ捨てしないこと。シュレッダーにかけたり、規定の処分法に従う。個人情報が悪用されないように注意する。

44

経費の精算は誰よりも早く終わらせる

仕事のデキル人は雑用も得意

余裕を見つけて、移動中にかかった交通費を書き込んでおく。

手帳に記入するポイント

その日の分はその日のうちに

業務終了前、手帳を整理するときに、その日にかかった交通費などの諸経費を書き込む。毎日コツコツ記入しておけば、締め切り前は、合算するだけでいい。

領収書は裏面にメモを

後から混乱しないように、何のために使った費用なのかわかるようにメモしておく。

日々の雑用をため込むと、忙しいときにかぎってやらなければならないハメになる。

そもそも会社には、月末などに締め日がある。会社員は締め日に向かってノルマを達成すべく走り回ったり、報告書を書き上げる。経費精算も締め日の仕事のひとつ。自分の都合で先延ばしはできない。

そこで、上のように、毎日使う手帳を活用して、経費の精算を楽にするコツを覚えておこう。手帳をこまめに開けというのは、こういう雑用も日ごろからやっておけということだ。

出張のときは詳しく記録する

出張の経費精算は、ふだんより細かくやる。領収書には何の代金として支払ったのか裏面に書いておく。交通費は詳細なメモをつくっておくと、次回の出張時や同僚に教えるときにも使える。金額だけでなく、アクセスや感想などもこまめに手帳に記録しておこう。

移動

飛行機、新幹線などは時刻表から前後の時間帯の時刻表と、終電・最終便の時刻を手帳に抜き書きしておくと、急な変更でもあわてずにすむ。

食事

食べたものの名前、値段、店の雰囲気、場所、アクセス法もメモしておく。みやげ話や雑談のネタにもなる。

名所

時間に余裕ができたときに立ち寄った、近くの観光地もメモしておくとよい。ただし、仕事ではないので自費で行くこと。

おみやげ

会社、クライアントには必ず買っておきたい。事前に名物といわれるものを調べておくと楽。金額はメモに残しておく。

宿泊

会社規定の宿泊費の範囲内で収めるためには、事前に会社でよく使っている宿泊施設を調べておく。また、いくつか候補を挙げて電話番号や住所を手帳に控えておくと、急な出張でも困らない。

45

スマートな金銭感覚を身につける

ケチなのも、金遣いが荒いのもみっともない

知っておきたいお金の話

社会、ビジネスのお金

株価や金利、税金など、ニュースで耳にするぐらいのことは知っておくべき。お金の動きがわからないということは、社会の動きがわからないということ。

暮らしに関わるお金

家賃やローン、生活費をはじめ、医療費、冠婚葬祭などのおおよその目安を知っておくことが必要。特に冠婚葬祭に関するものは常識を知らないと恥をかく。

自分が使っているお金

もっとも身近で把握しておくべきもの。この予算管理ができないと、生活が破綻することになる。ローンや借金があるときは、その金額と返済期日をしっかりと把握する。

仕事をするうえで、新聞や雑誌に出ている経済用語や金融のしくみは、ぜひ知っておくべきことだ。わからないことや言葉があったら手帳に書き留めて調べる習慣をつけよう。

つづけていけば、手帳の書き込みとともに知識も増えるはずだ。

もうひとつ注意したいのが、お金の使い方だ。常識のあるなしも、几帳面か否かも金遣いににじみ出てしまう。

いちばん恥ずべきは、金遣いに無頓着なこと。自分の財布の中身さえも把握できていないのに、経

金額の大小ではない

日々のこまごました物から、車やマンションなどの高価な物まで、大小を問わず金額は覚えておきたいものだ。

また、ローンの残金や貯金額なども、スケジュール表に書き込んでおくといい。ただし、他人にはひと目でわからない書き方をしておこう。

済のしくみも何もあったものではない。
家計簿でも小遣い帳でもいい。手帳に収支を書き出し、チェックする習慣を身につけよう。

COLUMN

おごられっぱなしにしないようにする

食事をごちそうになった、飲みに連れて行ってもらった、など人におごってもらったことは、手帳にメモして、忘れないようにし、おごられっぱなしにしないようにしたいものだ。

相手が上司だから、下請け業者だから、年上だから、といっておごられるのは当たり前だ、などと考えずに、自分の分は自分で払う習慣をつけたい。

46

体調管理はビジネスマンの常識

いつもベストコンディションで仕事に臨む

無事コレ名馬という言葉がある。ケガや病気をせず、丈夫な馬こそが名馬であるという意味だ。ビジネスマンとて同じだ。たびたび休むと、上司や同僚だけでなく、クライアントにも迷惑をかける。

だからといって、休むなという意味ではない。病気やケガをしないように体調を管理するのだ。

手帳は毎日の健康管理にも役立つ。その日の気分や体調を簡単にメモしておこう。もっと積極的に、ダイエット日記や血圧管理に利用してもいい。自分の体調をチェックする習慣をつけよう。

こんな記録をとってみよう

体調をメモ

風邪をひいた、二日酔い、頭痛がする、など簡単なメモでいい。小さな不調で病気を早期発見できることもある。

食べたものをメモ

食生活は健康の基本。偏った食事をしていないかチェックすることは大事。外食が多い人は特に気をつけたい。

体重をメモ

ダイエットに役立つ。毎日の体重と、1日に食べたものを記入しておく。カロリーがわかれば、なおよい。メモすることで食べすぎ、飲みすぎの抑止にもなる。

睡眠時間をメモ

睡眠時間の乱れは体調に響く。特に、精神的なストレスがあると睡眠に影響が出ることが多い。十分な睡眠がとれているのかチェックすることは大事。

元気で快活な人はデキル奴に見える

信頼される

「あいつに任せよう」となるには周囲の人の信頼を集めることが必要。それには、元気でハキハキとした受け答えが最低条件。

場を明るくする

背すじを伸ばしてキビキビと働く姿は、周囲の人に好印象を与える。活力や明るさを与えられるのも評価ポイント。

すべてに積極的に見える

ミスをして怒られるときも、卑屈にならずに相手の目を見て謝るためには体力、気力が必要。ミスに対しても前向きに対応できる。

COLUMN

かかりつけの病院、服用中の薬をメモ

30代、40代になると、そろそろ体のあちこちに小さな不調があらわれる。血圧、尿酸値、血糖値、肝機能検査などでひっかかることが増えてくる。

もし、定期的に通院し、薬を処方されているときは、そのかかりつけの病院名と担当医師、服用している薬の名前を手帳に書き留めておこう。別の病院にかかる際や、急に具合が悪くなったとき、重要な情報となる。

47

明日の自分を励ますために

手帳に日記をつける

日記を長く続けるポイント

●自分のペースで書く

●1行だけでも、1ページ書いてもいい

毎日必ず書かなくてはいけないわけではない。自分のペースで負担にならない量を、気軽に書いてみよう。慣れてくると、自然と書かずにいられなくなる。

●よい出来事を書く

●失敗を書く

「企画が通った」「クライアントに喜ばれた」「好きな人とデートした」などのよい出来事は、後で読み返したときに、元気が出る。一方の失敗談は、反省をして、それを今後に生かすことができる。

映画日記もおすすめ

僕は、映画を見ているとき、気づいたことがあればメモをとるようにしている。これも一種の日記だ。映画以外でも、読んだ本や食べに行ったレストランなど、テーマを決めて日記をつけてみるのもおもしろい。

手帳に、将来の夢や目標を書き込んであるはずだ。モチベーションを維持し、大きな目標を達成するためである。

しかし、遠い先のことばかりを見つめていると、今の自分を見落とすこともある。そこで、自分を省みるために手帳に日記をつけることをすすめたい。

反省でもいいし、ほめてもいい。自分にだけわかればいいのだから、素直な気持ちを書けばいいのだ。もし、仕事で失敗したら、正直に日記に書き、二度と繰り返さないように反省しよう。日記をもとに

ちょっと変わった手帳もおもしろい

使う人の目的に合わせてつくられた個性的な手帳もある。たとえば、車を運転する人向けのドライバー手帳や、釣り人向けの釣り手帳などだ。ダイアリーのほかに、専門知識などの情報がたっぷり詰まっている。趣味の手帳、サブの手帳として使ってみたい。

目的に合わせていろいろ

ドライバー手帳　釣り手帳
天文手帳　ゴルフ手帳
旅手帳　税務手帳
風水手帳　など

釣り手帳には、ダイアリーのほかに旧暦、旬の魚、主要地区の年間の干満時間、釣り場や宿の情報、各種の仕掛けなど、釣りに関するさまざまな情報を満載したものも。

マニュアルをつくったり、反省から得たことをTo Doリストに加えていくことだってできるのだ。

長く続けることで、自分を客観視することができるようになる。読み返せば、得られるものがきっとあるだろう。

感動した言葉、フレーズをメモする

手帳はときに、忘れかけていた初心を思い出させたり、元気づけてくれる源にもなる。

そのために、座右の銘や気に入りの言葉を手帳に記しておくことをおすすめする。感動した小説の一文でも、漫画の主人公のセリフでもかまわない。その言葉を見るたびに、元気や勇気が湧いて、明日からも頑張れる。

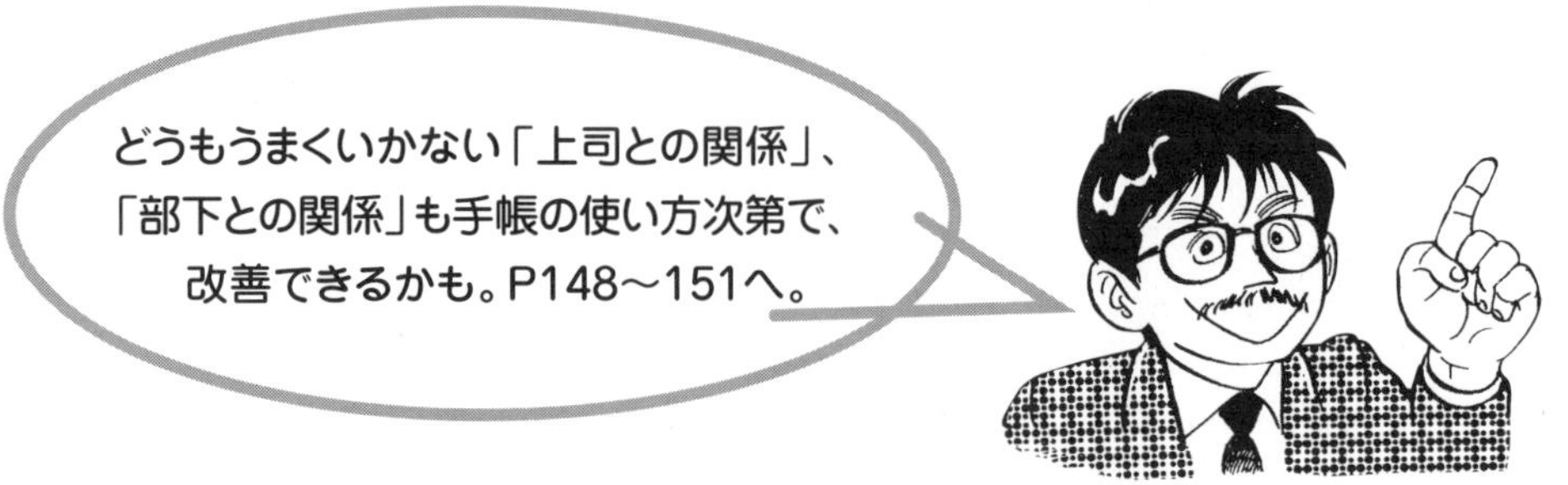
どうもうまくいかない「上司との関係」、
「部下との関係」も手帳の使い方次第で、
改善できるかも。P148～151へ。

はい　プレゼント
この手帳を開くたびに
毎日私を思い出してね
島さんの名前を
入れておいたわ

● まわりの人に聞いてみました

「手帳はどこで入手した?」

回答の約7割が「自分で購入した」という意見。ほかに、「会社で支給された」、「彼女からのプレゼント」などの回答も。

↓

プレゼントされた手帳には、上の漫画のような気持ちが込められているのかも。P 154へ。

Part 5

手帳がコミュニケーション力、論理力を高める

48

きょうは何の日?

デキル男は日にこだわる

じゃ よろしく お願い します
こちら こそ よろしく

店舗の新規オープンや納車日などに大安吉日を選ぶ人は少なくない。

六曜の意味を再確認する

先勝（せんかち、せんしょう、など）
急ぐことが吉とされ、午前中は吉で、午後からは凶となる。

友引（ともびき、ゆういん）
朝晩は吉、日中は凶となる。結婚式はよいが、葬儀は忌むべき日。

先負（せんまけ、せんぷ、など）
午前は凶、午後は吉とされる。公事や急用は忌むべき日といわれる。

仏滅（ぶつめつ）
万事において凶とされるが、葬儀や法事はやってもよい。

大安（たいあん、だいあん）
万事において吉とされる。特に、結婚式、契約にはよいとされる。

赤口（しゃっく、しゃっこう、など）
大凶の日とされる。特に祝い事は禁忌。ただし、正午のみは吉。

手帳のカレンダーを見ると、数字の横に「先勝」「赤口」などと書いてあるものがある。これは、中国から伝わった暦の吉凶を示すもので「六曜《ろくよう》」という。ゲンかつぎの意味もあって、江戸時代から人々の間で使われてきた。

たとえば、結婚式なら吉とされる大安を選び、通夜や葬式なら友を引くの意味から友引を避ける、といった具合だ。若い世代では、気にしない人もいるが、ビジネスの世界では意外に気を遣う人が多いもの。大きな契約を結ぶ日や、プロジェクトのスタートに大安が

記念日には心のこもったメッセージを

○○契約をかわした日
電話をしたときや顔を合わせたときに、さりげなく感謝の気持ちを伝えるとよい。今後も取引を続けたい、という気持ちをもたせることが大事。

部下の誕生日
日ごろの労をねぎらう言葉をかけたい。上司としてパーティや飲み会に参加すると気を遣わせるようであれば、資金のカンパにとどめたほうがスマート。

取引先の創業日
付き合いの程度によっては、ご祝儀や贈り物も考える。10周年、20周年など節目の記念日にパーティや催し物があるときは、手伝いを買って出るのもよい。

昇進記念日
盛大に祝うか、控えめにするかが重要。昇進が必ずしもよいこととはかぎらないので、状況を見極めること。情報収集をして手抜かりがないようにしたい。

贈り物が目的ではない
贈り物をすると、かえって相手に負担をかける場合がある。大切なのは「いつも気にかけています」というメッセージ。相手の目線で考えて、過剰なプレゼントは控えよう。

選ばれることもしばしばある。

ただのゲンかつぎだというなかれ。いい日を選ぶということは、「あなた（御社）を大事に考えています」とアピールすることだ。お互いハッピーになりましょうといわれれば、悪い気はしない。

もうひとつ、こだわりたいのが記念日だ。誕生日や初契約をした日、昇進した日など、人の数だけ記念日がある。これを手帳に記しておき、手持ちのカードにしたい。

記念日の安売りは厳禁だが、ここぞという場面や、逆に何でもないときにサラッと使うと効果的だ。

「自分のことをよく知ってくれている」と相手は感激するだろう。こうした小さな気配りが、いつか大きな仕事に結びつく。

49とっさの挨拶にも動じない

自己PRを用意しておく

手帳からPRポイントを探す

業務内容の変遷

年を追ってどんな仕事をしてきているのか整理する。異動した部署での経験や仕事の内容、転職経験があれば、以前はどんな仕事をしてきたかもまとめる。

学習の変遷

学校の卒業年度に始まり、資格を取ったことや語学を習得したこと、キャリアアップのために学んだこと、学んでいることをまとめる。

趣味の変遷

趣味を通じて交流が深まることも多い。映画でもワインでも、ゴルフでもいい。自分が好きなこと、熱中したこと、していることを挙げてみる。

役割の変遷

肩書きやプロジェクトリーダーなどの会社での立場、地域での活動などもまとめておく。結婚や父親になったことなども含まれる。

自己PRというと、就職活動を思い出す人も多いだろう。いかにうまく自分のことを売り込み、内定を勝ち取るか必死だったはずだ。今思い出すと、ずいぶん大それたことを口にしたものだと恥ずかしくなるかもしれない。

しかし、その自己PRがあったからこそ、今の自分がある。そして、これからの自分をつくるのも、また自己PRなのだ。

仕事を始めると、会社のPRはそれなりにできるようになる。むろん、それができないと仕事にならないからだ。ところが、自己P

相手に自分を伝えるポイント

体験談がおすすめ

紋切り型の自己紹介よりも、体験談をまじえて会話をするほうが印象に残りやすい。昨日こんなイベントを開いたとか、先週○○へ行ってきた、などの話の中から、自分がどんな人なのか感じてもらう。

昔話より、現在・未来の話を

経験を語るのもいいが、過去の話ばかりでは、「今はどうなの？」となってしまう。昔話は、現在や未来の話につなげるようにしたい。今やっていること、これから先の目標や計画こそ重要な自己ＰＲだ。

立ち居振る舞いも自己ＰＲのひとつ。相手に不快な印象を与えないよう注意したい。

Rとなると、就職活動の段階で止まっている人が多い。

しかし、それではダメだ。自分のことですら、うまくPRできないのに、仕事の話をうまくアピールできるわけがない。相手が自分のことを知りたがっているのに、しっかりと受け答えができないようでは不安を与えるだけだ。

いつ、どんな切り口で問われても答えられるように準備しておくといい。手帳をめくり、仕事、趣味、資格のことなど、PRポイントを挙げて、まとめておこう。時事ネタをまじえながら、自己PRできるようになれば上等だ。

この積み重ねをしていけば、将来、起業したり、転職するときにもきっと役に立つ。

50

会社のトピックスを書き留める

沿革、社の目標、商品データを知らないようでは半人前

覚えておきたい会社の情報

会社の歴史

創業年、創業者の名前、社長の名前など。また、会社のスローガンも大事。資本金、事業内容、経営状態も正確に把握しておきたい。

商品データ

会社のベースとなる商品をはじめ、新製品、売れ筋商品など、主要な商品のデータをまとめておく。

トピックス

業務提携、新規事業への参入、最先端技術など、最新ニュースをまとめる。ただし、すでに発表済みのものにかぎる。

会社の話題にはデリケートなものもある。社外秘の話題までうっかりしゃべることがないように。

会社員として働く以上、自分の会社について十分な知識をもっているのは当然だ。たとえ管轄外でも、新規事業の立ち上げを取引先から聞いて初めて知った、なんてことがあっては情けない。

新入社員だから、許してもらえるはずなんて甘い考えは捨てよう。平社員でも、係長でも関係ない。仕事で会う人は、あなたを社の代表として見ていると認識すべきだ。

その覚悟をすれば、会社のことを真剣に学ぶ気にもなる。手帳に会社のトピックスをまとめ、いつでも答えられるように準備しよう。

社長の目線で考える

平社員でも、会社の展望や方針について自分なりのビジョンをもつことが大事。経営者の目線で考える習慣をつけると、仕事に取り組む姿勢は自然とアップする。

「あいつ、なかなか見所があるな」なんてささやき声が聞こえてくるかも。

会社については、入社案内のパンフレットやパブリシティ用の資料を参考にするとよい。素人でもわかるように書かれている。

そして、会社の方針に自分の意見を付け加えて発言できるようになれば一人前といえよう。

COLUMN 会社支給の手帳は使い方次第

会社から支給された手帳は、使い勝手が悪いからと、放り出していないだろうか。

もちろん、どの手帳を使ってもよいのだが、会社支給の手帳をじっくりと見てほしい。支給されたということは、社員として知ってほしいことや重要な情報が書かれているはず。

別の手帳を使うときは、そこだけでも切り抜いて持ち歩くようにしたい。

51

営業必須の能力がアップ

話題が豊富になる手帳の法則

仕事の話がきちんとできるのは素晴らしいことだ。しかし、それだけでは困る。打ち合わせが順調に進み、さて雑談でもしようかとなると、途端に無口になる人がいる。せっかく仕事がうまくいきそうなのに、これでは気まずい。

酒席で仕事の話ばかりして、座をシラけさせるのもいただけない。

仕事や人間関係の潤滑油として、雑学のネタをためておくことも大事だ。昨今の雑学ブームで、テレビや雑誌をめくれば、ネタはいくつでも拾える。手帳のメモ欄に書き留めておくと使えるものだ。

雑談ネタをつくる3つの法則

気づいたらメモする

雑誌やテレビで見たり、聞いたりしたら、情報の出所も合わせて、すぐにメモをとる。間違ったネタを披露したりしないように、情報の裏もとっておくとよい。

整理する

ジャンル別に分けておくと、話題が豊富になり、足りない部分をおぎなう作業もできる。スポーツやニュース、グルメなど、幅広く集めて整理しておく。インデックスを使うと便利。

情報の鮮度を保つ

古い、すでに知れ渡ったようなネタを得意げに披露するのは避けたい。ネタ帳を見直して、古いものは線で消しておくとよい。

話を聞くのも大切

話題をふるばかりが会話力ではない。相手の話をきちんと聞く姿勢も大切だ。おもしろい話を聞いたら、手帳にメモするのも忘れずに。

幅広く話題を集めよう

本
ビジネス書にかぎらず、ヒットした文芸作品などは把握しておく。自分のおすすめの作家などを挙げるのもよい。漫画ネタは年齢によっては受けることもある。

スポーツ
野球、サッカー、ゴルフなどは雑談ネタの宝庫。ただし、ひいきのチームが違う場合もあり、好き嫌いから思わず口論になることもあるので注意が必要。

エンターテインメント
映画や舞台、テレビ、アーティストなどの話はハズレが少なく、情報も豊富。クライアントや上司など、相手の好みに合わせてネタを集めておく。

ニュース
ユニークなネタや動物ネタが無難。政治、経済は知っておくべきだが、得意げに持ち出すのはNG。ただし、速報ものは話したほうがよい。情報キャッチのはやさをアピールできる。

トリビア
テレビで紹介されたもので、おもしろいものを拾っておく。また、業種の違う友人などから業界ネタを教えてもらうと、その業種ならではの意外におもしろいものがある。

マイブーム
自分の趣味の話やペットの話など、おもしろおかしく話せれば好印象。ただし、自慢になったり、高価なものを見せびらかすようなことは言語道断。

52

朝の手帳チェックで好感度を上げる

身だしなみはビジネスマンの基本

夕方から○○の予定か
明るめのスーツに
しておこうかな

TPOに合わせた服装を

時	季節に合ったスーツの素材、色を選ぶ。その日の天気を見ることも忘れずに。
場所	出かける用事があるときは、そこにふさわしい服装で。スーツだけでなく、シャツの色、ネクタイの柄、靴にも気をつける。
場合	重要なクライアントとの打ち合わせや会議など、ここいちばんというときはふだんよりきっちりとした印象を与えるものを選ぶ。

見た目で人を判断してはいけない、とよくいわれる。それでもビジネスマンたるもの、やはり第一印象は大事だ。「デキル人だ」と思わせるには、それなりに身だしなみを整えることが肝心。そのための優秀なスタイリストとして手帳を役立てたい。

まず、朝起きたら、出かける前に必ず手帳でその日の予定を確認しよう。大事な打ち合わせがあるなら、迷わず勝負服で決めていくべきだ。ゲンかつぎに効く、気に入りのスーツやネクタイ、靴下などを選べばよい。もし、夜にデー

出かける前のチェックポイント

男性の場合

スーツ
自分の体形に合ったものを色違いで数着そろえておくと便利。

シャツ
白無地、ストライプ、色ものなど、TPOに合わせて選ぶ。白無地シャツを１枚会社にストックしておくと便利。

ネクタイ
シャツ、スーツに合わせ、TPOにふさわしいものを。しわやシミ汚れに注意。

靴
黒、茶など、合わせやすいものを3～4足そろえておく。出がけにサッと磨く習慣を。

髪
清潔感が第一。寝ぐせのボサボサ頭やフケなどは、もってのほか。

ひげ
こまめにひげを剃る。伸ばしているなら、手入れをして清潔に。

さらに女性の場合は

服装やメイクは、自分に似合っているものを。無理して流行を追う必要はない。清潔感が大切。
高価な宝石類は職場には不釣り合い。アクセサリー類は、仕事の邪魔にならない程度に。

あこがれる人の服装を真似てみる

スーツの着こなしがいまいちで、リクルートスーツから抜け出せない人は、ファッション誌を見るよりも、周りを見回してみよう。

社内や取引先にかっこよくスーツを着こなしている人がいるもの。それを真似してみればいい。「そのネクタイ素敵ですね」と声をかけることが、会話のきっかけにもなる。

トがあるなら、替えのネクタイを用意していく方法もある。

こだわる人は、同じ訪問先につづけて同じスーツを着ていかないように手帳に服装をメモしているという。こうしたこだわりが、好感度アップにつながるのだ。

53

ブレーンリストを作成する

〝聞くは一時の恥、聞かぬは一生の恥〟だから

各方面で頼れる人をリストアップ

自分と同じ分野の人はもちろんだが、他業種やまったく違う世界に詳しい人がいることも大事。そのほうがより幅広く、層の厚い知識を得ることができる。

仕事に関すること以外にも、いろいろな先生を見つけよう

例

盛り上げ上手な人
パソコンに詳しい人
マナーに詳しい人
レストランに詳しい人
交通事情に詳しい人
車に詳しい人
ブランドに詳しい人
料理が得意な人

知らないことは恥ずかしいことではない。しかし、知ろうとしない姿勢は、恥ずべきことだ。だれでも学んだことがなかったり、経験したことがないものはわからない。だからこそ、それをよく知っている人に学ぶ姿勢が求められる。

もちろん、自力で身につけることもできるだろう。しかし、経験豊富な人から教わることは、知識だけでなく人間関係を広め、さらに幅広い知識を呼び込む。困ったときに助けてくれる人材の輪を広げることは、決してマイナスにはならない。

相談するときに注意したい3つのポイント

- お礼をきちんとする
- 相手に負担をかけない
- ギブ＆テイクで

自分が教えてもらったり、助けてもらう立場であることを忘れてはならない。話を聞いたり、世話になったら、きちんと謝礼する。時間がかかるようなら参考資料を教えてもらうなど、相手に負担をかけすぎないように注意する。また、自分が聞かれる立場になったら、誠意をもって応えよう。

人が人を呼ぶ。会いたい人の名前を書く

仕事上でもプライベートでもいい。会ってみたいと思う人がいるなら、手帳に名前を書いておくことをおすすめする。そして「○○さんに会ってみたいんだ」と折に触れ話しておこう。すると、どこかでだれかのアンテナにひっかかり、偶然か必然か、会えることがある。人が人を呼ぶのだ。

名刺フォルダーや友人、先輩たちの住所録を見ながら、手帳に自分のブレーンリストをつくってみよう。

そして、ふだんから交流を深めておくのだ。もちろん、頼むときのマナーも心得ておこう。

54

人間関係を円滑にするために

贈答リストを手帳に加える

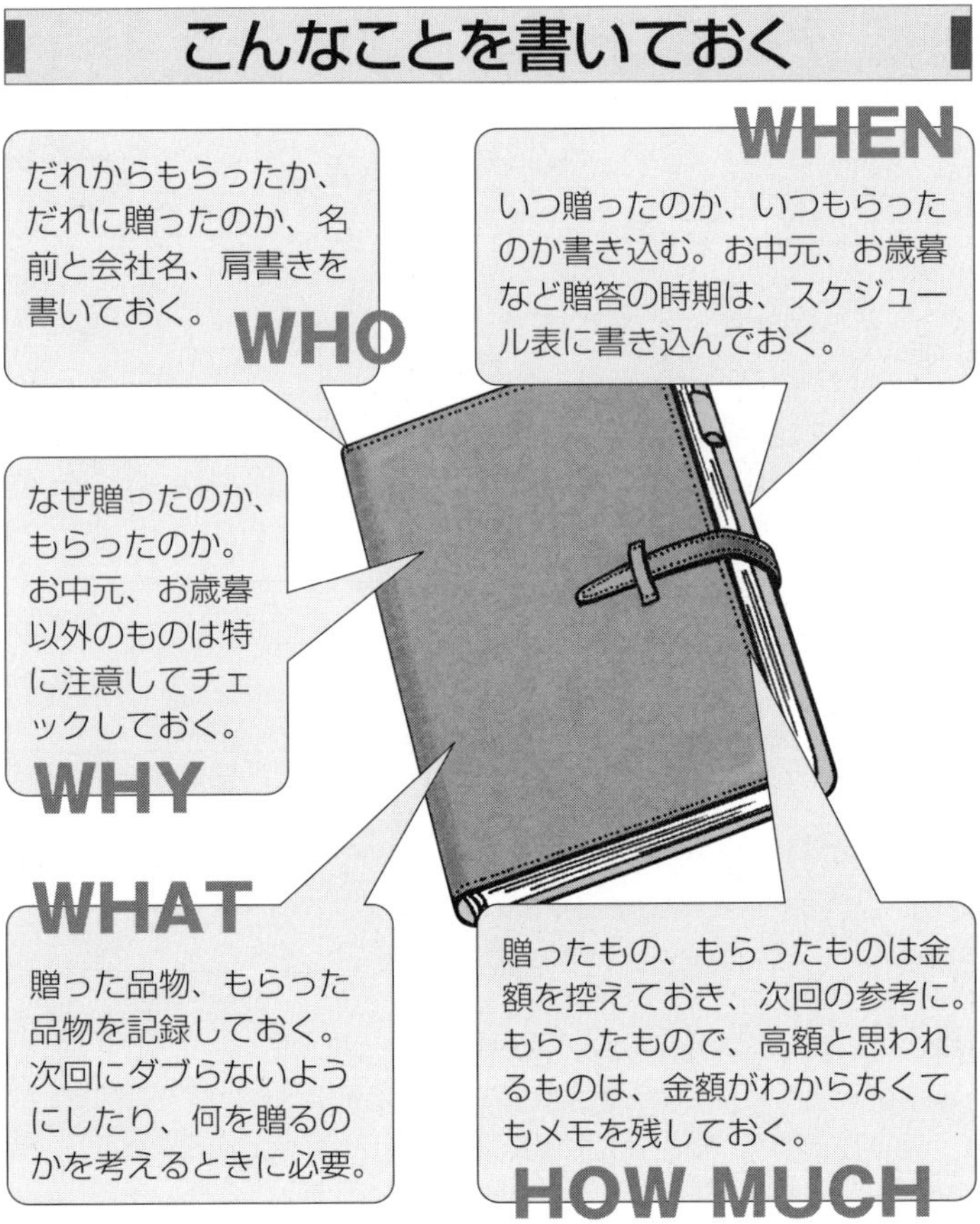
こんなことを書いておく
WHO
だれからもらったか、だれに贈ったのか、名前と会社名、肩書きを書いておく。
WHEN
いつ贈ったのか、いつもらったのか書き込む。お中元、お歳暮など贈答の時期は、スケジュール表に書き込んでおく。
WHY
なぜ贈ったのか、もらったのか。お中元、お歳暮以外のものは特に注意してチェックしておく。
WHAT
贈った品物、もらった品物を記録しておく。次回にダブらないようにしたり、何を贈るのかを考えるときに必要。
HOW MUCH
贈ったもの、もらったものは金額を控えておき、次回の参考に。もらったもので、高額と思われるものは、金額がわからなくてもメモを残しておく。

仕事が絡んだ贈答品となると、センスだけではいかんともしがたい。常識やマナーに加えて、ビジネスセンスも必要となる。お中元やお歳暮、昇進祝いなど、本来は人間関係を良好に保つためのものが、下手をすると致命的なエラーにつながることがある。

失敗を防ぐために、手帳に贈答リストをつくっておくことをおすすめする。贈ったもの、自分がもらったものに分けて、一覧にしておくと次回の参考になる。

住所録をパソコンで作成しているなら、ここにも贈答リストを付

これはわたしからのプレゼントです

好みをリサーチする

よかれと思ったのに、相手が大嫌いなものをプレゼントしてしまうことも。相手が気難しい人だと、いやがらせだと思われることもある。好みを知っておくことが大切だ。

け加えておくとモレがなく、便利。住所や肩書きの変更があれば書き換え、こまめにチェックする習慣をつけるようにする。

COLUMN

感謝、お礼は忘れないうちに素早く返す

仕事上、だれかに用事を頼んだり、手をわずらわせることがある。こんなとき、後の対応が悪いと評価を下げたり、相手に借りをつくることになる。用事をやってもらったら、すぐにお礼の電話を入れておくだけでも違う。礼状（詳しくはP87へ）ならなおいい。訪ねる機会があるなら、ちょっとした手土産を持参するのもいい。

ほんの少しの心遣いが心地よい人間関係を保つのだ。

クレーム対応の強い味方

問い合わせやクレームがきたら

1 話をよく聞く

クレーム処理の第一歩は、相手の言い分をよく聞くこと。不明な点は問い直し、説明を聞く。ここがあいまいだと解決策を立てることができない。

2 内容を手帳にメモする

相手の話を5W2Hに沿って、できるだけ簡潔なメモをつくる。だれが、何を、いつまでに、どう対処するのか、きちんとわかるようにしておく。

3 報告

メモをもとに上司に報告し、指示を仰ぐ。うそをついたり、隠し事は厳禁。自分のミスを包み隠さず報告する。そうしないと、上司も正しい指示が出せない。

4 すぐに対応する

上司の指示に基づいて、すぐに対応する。先延ばしにせず、最優先の仕事として処理すること。自分だけではできないときは、だれかの手を借りることも必要。

自分の不手際でクライアントを怒らせてしまったり、クレームがきた。こんなときのピンチへの対応こそ大事だ。

責任逃れをしたり、言い訳をする前にやるべきことがある。

まずは、手帳を開こう。そして、相手の話をよく聞く。メモをとり、事実関係をしっかりと把握するのだ。

相手が言ったことと、自分が答えたことは細大もらさず手帳に記録しておく。「あのときそう言った」「言ってない」などと、のちのち話が食い違ったときなどに備

失敗を記録して情報を共有する

失敗とその対処法をメモする

ミスが生じた原因、そのときの状況、対応策、そして結果を手帳にまとめておく。それをもとに今後、同じトラブルを起こさないよう防止策を考える。

××××××となり
××××××××です
以上が今回の
クレームの概要です

失敗を仲間と共有する

仕事に失敗はつきものだ。会社として同じミスを繰り返さないよう、トラブルは全員で共有するべきだ。自分が直接関係ないトラブルについても、手帳にメモしておきたい。

えておこう。

自分の判断で処理できるものなら、真摯に詫びを申し入れ、すぐに作業にとりかかる。

上司の指示が必要なら、メモにしたがって経緯を報告する。そして、上司から受けた指示もまた手帳に記録し、それをもとに対処する。

場合によっては、スケジュール表やTo Doリストにやるべきことを書き込む必要もある。

失敗の記録とその対処法を克明に残しておけば、次に似たようなことが起きたときに、参考にできる。また、再発防止のマニュアルを考えるためにも必要だ。

この積み重ねが大きな財産になるのだ。

56

指示はスケジュール帳に記録する

いった、いわないにピリオドを

上司の考え、行動を予想して動く

指示はすべて手帳に書く

指示を受けたこと、話の内容などをメモする。聞きもらしや勘違いをなくし、上司に対して話をきちんと聞いているとアピールすることにもなる。

上司の考え、行動をメモする

物事の考え方、仕事の進め方、行動パターンなど、気づいたことを手帳にメモする。
上司の機嫌の良し悪しがわかるだけでも、仕事をスムーズに進めやすくなるものだ。

こまめにホウレンソウする

ホウレンソウは、報告（ホウ）、連絡（レン）、相談（ソウ）のこと。手帳を片手に、現在の仕事状況を知らせ、疑問点や確認点を相談する。聞かれる前に、早めに行なうことが肝心。

部下を信頼し、仕事を任せる。必要なときだけ的確なアドバイスをしてくれる。そんな理想的な上司に巡り合えることはなかなかない。むしろ、現実はより厳しい。たとえば、仕事の指示がコロコロ変わったり、ちょっとした思いつきを部下に提案するタイプだ。

こんな上司と仕事をすることになったら、自己防衛手段が必要である。そのひとつが、手帳を使うことだ。

まず、上司から呼ばれたら、手帳を手に駆けつける。そして、指示を逐一メモする。その場でスケ

自分に原因があることも間々ある

そもそも、困った上司の行動の原因は、自分にあるのかもしれない。部下の態度に不安を感じたために『もう一度話しておこう』『この前話したよりも締め切りを早めておこう』などという気持ちになっていることもある。

上司の本音は……

『本当にわかったのか？』

『勘違いしていないだろうか？』

『ちゃんと聞いているのか？』

右ページのような手帳の使い方は、上司を安心させて、信頼してもらうためにも大いに役立つ。

ジュールを確認し、これまた逐一書き込む。上司の目の前で堂々とやろう。これは、話を聞いていますよというアピールになる。

　後日、上司が食い違う指示をしたり、スケジュールを勝手に繰り上げてきたら、手帳を開きながら「こうではありませんでしたか」と返してみよう。これを繰り返すことで、急な指示変更で悩まされることは減るだろう。しかも、この姿勢を貫くことは、自分が仕事を覚えるうえでも役立つ。実力をつけていけば、上司からの評価アップにもつながるはずだ。

　そして、いずれ自分が部下をもつことになったら、お互いがスムーズに仕事を進めるために、この方法を部下にも実践させよう。

57

デキない部下は上司の責任

部下の予定も自分の手帳で把握

部下のこんな部分を把握したい

仕事の予定、進行状況
上司として、必ず把握するべき点。進行状況をこまめに確認して、フォローが必要か、仕事をもっと与えるか判断する。部下がどんな仕事をしているか知らないようでは管理能力を問われる。

問題点、改善点
仕事をするうえで、改善したほうがいいと思うことは手帳にメモして整理する。具体的に、こうしたほうがいいと説明するために、何が問題なのかきちんと把握すべきだ。

ライフスタイル
深入りする必要はないが、習い事やセミナーなどのライフスタイルがわかっていれば、部下のプライベートを邪魔しないよう心配りできる。

興味関心、性格
仕事に対する興味関心がわかると、仕事の振り分けに役立つ。性格や考え方を把握していれば、チェックを入れるポイントや、相手が納得しやすい言い方などもわかってくる。

困った上司もいれば、そのうえをいく困った部下もいる。しかも、部下の不出来は上司の責任。ツライところだが、部下を管理するのも組織では重要な仕事だ。

そこで、手帳に部下の管理をサポートしてもらおう。自分のスケジュール帳に部下の予定や仕事の状況を書き込むようにするのだ。予定や行動を把握していないと、的確な指示ができず、仕事全体に支障をきたすことになる。

たとえば、ミーティングの際に、部下に1週間の予定を申告させ、それをメモする。あとは、申告通

状況がわかれば指示が具体的になる

具体的な指示を出す

部下の状況が具体的にわかれば、締め切りや目標数値の設定、問題点、改善点など、明確な指示ができる。

来期までに　もう2割
営業件数を
増やしてほしいんや

もちっと
なんとかしろ
やる気を
みせんかい

あいまいな指示しか出せない

部下の状況がわかっていないと、やる気を出せ、早くやれ、頑張れなど、あいまいな指示になってしまう。

りに進んでいるのか報告させ、仕事の内容をチェックすればよい。

予定通りに進んでいないときは、手遅れになる前に、話を聞いて指示を出す。進行管理をフォローしつつ、上司の目を意識させることで部下の自覚を促すこともできる。

COLUMN

家族の予定も知っておきたい

仕事が忙しいと家を留守にしがちで、家族がどこで何をしているのか知らない、なんてこともある。しかし、大きな地震や事故があったらどうするのだ。こんな大ごとでなくても、家族に無関心なのはいただけない。

こどもが塾の日なのか、妻が仕事に出ている時間なのか、など手帳に書いて把握しよう。

58

グループでスケジュールを共有する

仕事はひとりではできない

予定を共有するとこんな効果がある

チームワークの強化
互いの予定や進行状況を把握することによってコミュニケーションが密になる。

ムダの減少
情報共有によってクライアントへの、重複したアプローチなどのムダが減り、仕事の効率アップができる。

スピードアップ
あらかじめ予定がわかれば、会議や打ち合わせのスケジュールをスピーディに組める。

共有手段は進化している

ホワイトボードは、現在の在・不在しかわからない。手帳は、仲間の予定を聞いてメモすれば、仕事の状況や予定は把握できるが、手間がかかるうえ、変更や中止にすぐ対応できない。

ホワイトボード → 手帳 → グループウェア

今日中に上司のハンコをもらおうと思っていたら、会議で長時間席に戻らず、おかげで予定がくるってしまった。

同じ社内でも相手の予定がわからないと、こんなふうに思わぬ時間のロスをする。

特に、上司は部下の予定を把握していても、部下のほうは上司の予定を知らないことが多々ある。これでは時間のムダ遣いが減らない。

こうした状況を改善するためには、手帳のスケジュール表に自分以外の人の簡単な予定を書き込ん

“グループウェア”とは?

グループウェアとは、社内LANを用いてパソコンで共有情報を管理するためのソフトウェア。さまざまな機能があり、これまでホワイトボードや伝言メモ、内線電話に頼っていたことをパソコン上で行なうことができる。

自分の予定・行動管理のほかに、グループ内の人の予定も閲覧できる。変更などの書き換えがあると、自動的にすべてのパソコン情報が更新される。

情報のスピード化、共有化によって、社員同士の作業を支援するツールだ。

主な機能

スケジュール
個人、グループのスケジュールを管理する。グループ内の人の予定を閲覧できる。

伝言メモ
外出中や、席をはずしている人へ伝言を残すことができる。

掲示板
グループ内の人へ広く、情報を知らせることができる。双方向コミュニケーションが可能なものもある。

設備の予約
会議室やプロジェクターなどの共有設備の予約管理ができる。

ほかにもタスク管理機能や電子会議室機能、タイムカード機能などいろいろある。

取引先の予定もチェック

　たとえば、同僚が来週A社のBさんに会う予定だが、その日はBさんが出張だと聞いている。同僚にこの情報をすぐに教えてあげないと、無駄足を踏むことになる。

　こうした外部の情報をキャッチしたら必ず手帳に書き込み、同僚に忘れずに提供する。この心がけがないと、たとえ情報網が立派でも役に立たない。


でおく方法がある。しかし、これだと、いちいち聞く手間がかかるうえに情報量が少なく、急な変更などには対応できない。

　そこで、近年普及しているのが、「グループウェア」によるスケジュール管理だ。

　パソコンを使って、部内やグループ内で共通の情報を管理し、上司も部下も互いのスケジュールが閲覧できるようにするのだ。あらかじめ予定がわかれば、ミーティングの日時を決めるにも便利だ。伝言機能や掲示板を使えば、簡単な打ち合わせなら、わざわざ顔を突き合わせなくてもすむ。

　万事これでOKとはいえないまでも、うまく使えば大きな戦力になることは確かだ。

59

手帳をプレゼントする

気持ち、プロフィール、考えが伝わる

手帳を贈るとこんな効果がある

手帳は毎日見るもの、使うものだけに相手にとっては非常に身近な道具。それをプレゼントすることは、相手に自分の気持ちを十分にアピールできる。

気持ちを伝える

企業の手帳は社員に対して社の方針を伝え、社員同士の一体感をもたせるマネジメントツールとなる。また、クライアントに対しては企業や商品のＰＲができる。

プロフィールを伝える

愛用の手帳がある人には

手帳を贈るときは、いつも使っている手帳があるのかどうか確認しておこう。愛用の手帳がある人には、一風変わった趣味の手帳（Ｐ129参照）や手帳に合わせた上等なボールペンをプレゼントするのもいいと思う。

年末になると、手帳や家計簿タイプの別冊付録がついた雑誌をよく目にする。また、企業によってはクライアントに社名入りの手帳を配るところもある。

手帳がこうした付録や品物として用いられるのには大きな理由がある。まず、１年間手元に置いて使ってもらえれば、毎日手にとって見てもらえる。雑誌や企業のＰＲとしてはかなり効果的だ。

この考え方は個人にも当てはめることができる。手帳をだれかに贈るという行為は、使うたびに自分を思い出してくださいというア

手帳に自分の名前が入っているとは思わなかった
ありがとう
大切に使わせてもらうよ

革製の手帳に名前を入れてくれるサービスもある。恋人やお世話になった人への贈り物としておすすめ。名前入りのものは愛着が湧き、長く使いつづけてもらえる。もちろん、自分の名前を入れた手帳をつくってもいい。

ピールになる。恋人や家族と同じ手帳を使うことで、気持ちがつながることもあるだろう。

あるいは、友達同士でも会社の同僚でもいい。それぞれが使い方を工夫し合い、教え合うことで、手帳の機能を高めることができる。

部下に自分と同じ手帳を贈るのも一法だ。同じ職場の仲間意識を高め、使い方を教えることは仕事を教えることにもつながる。

あるいは、お世話になっている人に名前入りの手帳をプレゼントするのもいいだろう。オリジナル感、高級感があり、きっと喜んでもらえるはずだ。

こんなふうに手帳をプレゼントするということは、いろいろな意味を含ませることができるのだ。

お・わ・り・に

自分のやりたいことをやるためには、「時間」をうまく使いこなすことが必要だ。僕は、仕事の後に、好きなワインを飲みながら映画を見るとき、幸せを感じることがある。しかし、その時間を確保するためには、やるべき仕事をきっちりこなしておかなくてはならない。

そのために、今やっている仕事を何時までにおわらせるか、目標時間を書いておく。目標時間を意識することで、「間に合わない」と思うと、自然に作業のペースが早くなる。

自分の時間を確保するためだけでなく、何から手をつけたらいいのかわからないほどたくさんの仕事をスムーズに進めるためにも、手帳が役に立つ。

パート3のはじめに紹介した「やることに順番をつける」ことは、仕事をするうえでもっとも大切な作業のひとつだ。仕事をたくさん抱えていても、家事や育児との両立でも、優先順位をつけていくことで、まずは何をするべきか、はっきりする。

目の前の作業以外にも、次の仕事、プライベートの約束など、いろいろな予定がある。自分のすべての予定を考えて、かつ、締め切りに間に合うように、何をいつまでに仕上げるか検討するのだ。

時間を使いこなすのは、慣れないうちはむずかしいかもしれない。せっかく予定を立てても、横やりが入って作業が中断したり、急に変更になったりすることもたびたびあるだろう。でもあきらめてはいけない。そんな経験を繰り返していくうちに、自分なりの予定の立て方が身についてくる。

僕だって、今のペースをつかむのに、いろいろな経験をしてきた。手帳を片手に試行錯誤しながら、徐々に身につけたのだ。

フリーである今の僕の立場は、自由に自分の行動を決められる反面、自分でしっかりと現状と将来を見据えて予定を決めていかなくてはならない。これは、何もフリーで働く人だけのことではないと思う。定年まで勤めることができて、退職金と年金で余生をゆっくり過ごすことがむずかしくなりつつある時代においては、会社に勤めている人もまったく同じはずだ。

本書が、「自分の人生を自分らしく生きていく」ために時間管理をしようとする人の助けになれば幸いである。

二〇〇五年一一月

弘兼憲史

参考文献

『頭がいい人、悪い人の仕事術』ブライアン・トレーシー著　片山奈緒美訳（アスコム）
『あなたが変わる自分アピール術』中谷彰宏著（幻冬舎）
『一日に24時間もあるじゃないか 時間を味方にする50のヒント』中谷彰宏著（PHP研究所）
『イラスト図解 治し方がよくわかる心のストレス病』竹之内敏著（幻冬舎）
『計画力おもしろ練習帳』佐々木かをり著（日本能率協会マネジメントセンター）
『差をつけるメモ術・手帳術』大勝文仁著（こう書房）
『残業しない技術』梅森浩一著（扶桑社）
『仕事で差がつく手帳の技術』長崎快宏著（ぱる出版）
『仕事と人生がシンプルになる! 手帳とノート魔法の活用術』和田茂夫著（技術評論社）
『システム手帳新入門!』舘神龍彦著（岩波書店）
『人生は手帳で変わる』フランクリン・コヴィー・ジャパン編著（キングベアー出版）
『図解　一冊の手帳で夢は必ずかなう』熊谷正寿監修（かんき出版）
『続・トヨタ式 自分「カイゼン」Q&A』若松義人監修（宝島社）
『知識ゼロからのジョギング&マラソン入門』小出義雄著（幻冬舎）
『超絶! シゴト術』梅森浩一著（マガジンハウス）
『手帳200%活用ブック』日本能率協会マネジメントセンター編（日本能率協会マネジメントセンター）
『手帳フル活用術』中島孝志著（三笠書房）
『トップ営業マンのメモ術・手帳術』西山昭彦著（インデックス・コミュニケーションズ）
『能率手帳で情報を10倍いかす法』福島哲史著（日本能率協会マネジメントセンター）
『弘兼憲史の会社新作法』弘兼憲史著（講談社）
各社の手帳、および発行会社のホームページ

取材にご協力いただきました方々に感謝申し上げます。

弘兼憲史（ひろかね　けんし）

1947年山口県生まれ。早稲田大学法学部卒。松下電器産業販売助成部に勤務。退社後、76年漫画家デビュー。以後、人間や社会を鋭く描く作品で、多くのファンを魅了し続けている。小学館漫画賞、講談社漫画賞の両賞を受賞。代表作に『課長　島耕作』『部長　島耕作』『加治隆介の議』ほか多数。『知識ゼロからのワイン入門』『さらに極めるフランスワイン入門』『知識ゼロからのカクテル＆バー入門』『知識ゼロからのビジネスマナー入門』『知識ゼロからの決算書の読み方』『知識ゼロからの敬語マスター帳』（幻冬舎）などの著書もある。

装幀　亀海昌次
装画　弘兼憲史
本文漫画　『課長 島耕作』『部長 島耕作』『取締役 島耕作』『ヤング 島耕作』
『島耕作の優雅な1日』『加治隆介の議』（講談社刊）より
本文イラスト　押切令子
本文デザイン　バラスタジオ（高橋秀明）
校正　滄流社
編集協力　重信真奈美
オフィス201（高野恵子）
編集　福島広司　鈴木恵美（幻冬舎）

知識ゼロからの手帳術

2005年11月10日　第1刷発行
2009年11月25日　第6刷発行

著　者　弘兼憲史
発行人　見城　徹
編集人　福島広司

発行所　株式会社 幻冬舎
〒151-0051　東京都渋谷区千駄ヶ谷4-9-7
電話　03-5411-6211（編集）　03-5411-6222（営業）
振替　00120-8-767643
印刷・製本所　株式会社 光邦

検印廃止

ISBN4-344-90074-X C2095
Printed in Japan
幻冬舎ホームページアドレス　http://www.gentosha.co.jp/
この本に関するご意見・ご感想をメールでお寄せいただく場合は、comment@gentosha.co.jpまで。